# LA VAMPIRE,

OU

## LA VIERGE DE HONGRIE.

*Romans du même auteur.*

*Clémence Isaure et les Troubadours*, 5 vol. in-12.
*Gabriel* ou *le Fanatisme*, 4 vol. in-12.
*L'Ermite de la Tombe*, 3 vol. in-12.
*Les Chevaliers du Temple*, 4 vol. in-12.
*Maître Etienne*, ou *les Fermiers et les Châtelains*, 4 vol. in-12.
*Jean de Procida*, ou *les Vêpres Siciliennes*, 4 vol. in-12.
*Le Monastère des Frères noirs*, 4 vol. in-12.

---

*On trouve chez le même libraire:*

*Les Epreuves de la Vie*, traduit de l'anglais de l'auteur d'Eliza Rivers ou la Favorite de la nature, d'Osmond, etc.; par le traducteur des romans historiques de sir Walter Scott (1824), 4 vol. in-12. Prix, 10 fr.

*Sous presse, pour paraître immédiatement:*

*Le Donneur d'Eau bénite*, ou *Épisode de la Vie d'un Courtisan*; par Mme la baronne de P. (1821), 2 vol. in-12, fig. Prix, 6 fr.

IMPRIMERIE D'A. CLO,
rue S.-Jacques, n. 38.

Raoul tressaillit, car il crut entendre derrière lui le frôlement d'une robe.

# LA VAMPIRE,

ou

## LA VIERGE DE HONGRIE.

PAR LE BARON DE LAMOTHE LANGON.

> Regarde, Edmond, c'est moi, dit-elle;
> Moi qui t'aimai, que tu trompas;
> Moi dont la tendresse fidèle
> Vit encore après le trépas.
>
> Romance de *Marguerite*, par M. DE JOUY.

## TOME PREMIER.

## PARIS,

CHEZ Mme CARDINAL, LIBRAIRE,
RUE DES CANNETTES, N° 18.

1825.

Les romances qui sont dans cet ouvrage se trouvent avec la musique composée par M^lle Adèle Sendrier, chez tous les marchands de nouveautés, à Paris.

# DÉDICACE.

## A.......

Je vous ai constamment rencontrée aux jours de mes peines; votre cœur dans ces momens douloureux a toujours répondu au mien, par les plus nobles et les plus purs sentimens.

Je ne saurais m'acquitter envers vous de tant de douces consolations offertes par l'amitié désintéressée à l'amitié souffrante :

Acceptez ce faible témoignage de mon respect, de mon attachement et de ma reconnaissance.

B. DE LAMOTHE LANGON.

# PRÉFACE.

Nous commencerons d'abord par nous excuser auprès du lecteur (s'il est nécessaire de le faire), du titre que nous avons cru devoir donner à notre ouvrage; *La Vampire*. Est-ce français? nous demandera-t-on; ne dit-on pas toujours un *Vampire*? Les dictionnaires ne placent-ils pas le mot au masculin? Nous n'en disconvenons pas; mais comme c'est une femme qui joue en ce roman le rôle de persécutrice des vivans, ne convenait-il pas de le faire connaître; *le Vam-*

*pire* l'eût-il désigné ainsi qu'il le fallait ? il nous a paru que nous pouvions féminiser le mot sans manquer au respect dû à la langue. Bienheureux nous croirions-nous, si, dans ces pages légères, nous ne l'avions pas offensée plus grièvement.

C'est un sujet assez curieux que celui qui ramène le tableau de ces superstitions encore existantes dans plusieurs parties de l'Europe. Les *Vampires* sont principalement célèbres dans la Hongrie, la Moravie, l'Épire, et les îles de la Grèce. Là, on croit fermement à l'existence de ces Êtres mystérieux, n'appartenant ni à la mort ni à la vie, et tenant néanmoins à l'une et à l'autre; à ces cannibales du tombeau, qui, prenant, lorsque la pierre sépulcrale les recouvre, des goûts affreux qu'ils ne possédaient pas auparavant, viennent sucer le sang humain pour contenter une soif effroyable, et porter même au sein de leur famille l'épouvante et la désolation.

Les *Vampires* sont connus depuis la plus haute antiquité; ce n'est point dans les époques modernes qu'on les a inventés. Les anciens, afin de satisfaire l'appétit des morts, plaçaient dans les cimetières des tables chargées de viandes et de vin : on en trouve la preuve dans une foule d'auteurs grecs et latins. Les premiers chrétiens avaient conservé cet usage, que sainte Monique, mère du célèbre évêque d'Hypone, voulait, après la mort de celui-ci, perpétuer en Italie. Tertullien, dans son Traité de *Resurrectio. Initio.* reproche aux païens qu'ils croyaient au besoin que les morts avaient de manger. On trouve en effet dans les tombeaux où reposaient, soit des idolâtres, soit des chrétiens de la primitive église, des vases d'argile et de verre renfermant des ossemens de quadrupèdes et de volailles, qui ne pouvaient qu'avoir été offerts aux défunts pour leur nourriture?

Cette opinion que des cadavres conservaient encore une portion de la vie, est depuis long-temps enracinée. On la retrouve de nos jours chez presque tous les peuples du monde; elle a eu, elle a de nombreux partisans même parmi de graves personnages, qui s'appuient sur des actes portant, disent-ils, tous les caractères de l'authenticité. Permis à eux de le croire, mais sur ce point les incrédules sont nombreux.

Au nombre des *Vampires* célèbres qui ont paru aux environs du commencement de la religion révélée, le plus connu sans doute est celui ou celle (car c'était une femme) dont Phlégon raconte l'histoire dans son Traité des *Choses merveilleuses*.

Il prétend qu'à Trallès, en Asie, une fille nommée Philinnium quitta sa dernière demeure, pour revenir chaque nuit habiter avec Machates, son amant ; qu'elle continua d'agir de même jusqu'au moment qu'elle fut surprise par sa mère; alors, tombant sur le plancher, après avoir reproché à celle-ci le bonheur qu'elle perdait par sa venue, elle rendit définitivement le dernier soupir. On courut au mausolée dans lequel on l'avait ensevelie, il était vide ; mais on y trouva une coupe d'or et un anneau de fer, que Machates, la veille, avait donnés à Philinnium. Phlégon se prétend témoin oculaire d'un fait pareil, et, quoiqu'il l'ait écrit pour être mis sous les yeux de l'empereur Adrien, nous ne pouvons l'admettre sans un plus mûr examen.

Dans les temps modernes on a cru aussi pouvoir certifier l'existence des *Vampires*. Voici quelques exemples que dom Calmet rapporte à ce sujet, dans son Traité des *Apparitions* et des *Revenans* qui désolent la Hongrie : « Au commencement du mois de septembre 1737, mourut dans le village de Kililova, à trois lieues de Gradiska, un vieillard âgé de soixante-deux ans. Trois jours après avoir été enterré, il apparut la nuit à son fils, et lui demanda à manger : celui-ci lui en ayant servi, il mangea et disparut. Le lendemain le fils raconta à ses voisins ce qui lui était arrivé : cette nuit le père ne parut pas, mais la nuit suivante il se fit voir et demanda à manger. On ne sait pas si son fils lui en donna ou non, mais on trouva le lendemain celui-ci mort dans son lit : le même jour cinq ou six personnes tombèrent subitement malades dans le village, et moururent l'une après l'autre peu de temps après. L'officier ou bailli du lieu, informé de ce qui était arrivé, en envoya une relation au tribunal de Belgrade, qui fit venir dans le village deux de ses officiers avec un bourreau, pour examiner cette affaire. L'Officier dont on tient cette relation s'y rendit, de Gradiska, pour être témoin d'un fait dont il avait si souvent ouï parler. On ouvrit tous les tombeaux de ceux qui étaient morts depuis six semaines. Quand on vint à celui du vieillard, on trouva celui-ci les yeux ouverts, d'une couleur vermeille, ayant une respiration naturelle, cependant immobile et mort : d'où l'on conclut qu'il était un signalé *Vampire*. Le bourreau lui enfonça un pieu dans le cœur; on fit un bûcher, et l'on réduisit en cendres le cadavre »......

« En 1729 ou en 1730, un certain heiduque, habitant de Médreïga, fut écrasé par la chute d'un chariot de foin. Trente jours après sa mort, quatre personnes moururent subitement et de la manière que meurent, suivant la tradition du pays, ceux qui sont molestés de *Vampires*. On se ressouvint alors que ce personnage, nommé Arnold Paul, avait souvent raconté qu'aux environs de Cassoura, et sur les frontières de la Servie turque, il avait été tourmenté par un *Vampire* turc (car on croit aussi que ceux qui ont été *Vampires* passifs pendant leur vie le deviennent actifs après leur mort, c'est-à-dire que ceux qui ont été sucés sucent à leur tour), mais qu'il avait trouvé moyen de se guérir, en mangeant de la terre du sépulcre du *Vampire*, et en se frottant de son sang; précaution qui ne l'empêcha pas cependant de le devenir après sa mort, puisqu'il fut exhumé quarante jours après son enterrement, et qu'on trouva sur son cadavre toutes les marques d'un *archi-Vampire*: son corps était vermeil; ses cheveux, ses ongles, sa barbe, s'étaient renouvelés; et ses veines étaient toutes remplies d'un sang fluide, et coulant de toutes les parties de son corps sur le linceul dont il était enveloppé. Le hadnagy, ou le bailli du lieu, en présence de qui se fit l'exhumation, et qui était un homme expert dans le *vampirisme*, fit enfoncer, selon la coutume, dans le cœur du défunt Arnold Paul, un pieu fort aigu dont on lui traversa le corps de part en part; ce qui, dit-on, lui fit jeter un cri effroyable, comme s'il était en vie. Cette expédition faite, on lui coupa la tête et on brûla le tout »....

.... «Il y a environ quinze ans qu'un soldat étant en garnison chez un paysan haidamaque, frontière de Hongrie, vit entrer, comme il était à table auprès du maître de la maison, son hôte, un homme qui se mit à manger avec eux. Le maître du logis en fut étrangement effrayé, de même que le reste de la compagnie. Le soldat ne savait qu'en juger, ignorant de quoi il était question. Mais le maître de la maison étant mort le lendemain, le soldat s'informa ce que c'était : on lui dit que c'était le père de son hôte, mort et enterré depuis dix ans, qui s'était venu asseoir auprès de lui, et lui avait annoncé et causé la mort.

» Le soldat en informa d'abord le régiment, et le régiment en donna avis aux officiers-généraux, qui donnèrent commission au comte de Cabreras, capitaine du régiment d'Alandetti, infanterie, de faire information de ce fait. S'étant transporté sur les lieux avec d'autres officiers, un chirurgien et un auditeur, ils ouïrent les dépositions de tous les gens de la maison, qui attestèrent, d'une manière uniforme, que le revenant était père de l'hôte du logis, et que tout ce que le soldat avait dit et rapporté était l'exacte vérité : ce qui fut attesté par tous les habitans du village.

» En conséquence, on fit tirer de terre le corps de ce spectre; on le trouva comme un homme qui vient d'expirer, et son sang comme d'un homme vivant. Le comte de Cabreras lui fit couper la tête, puis remettre dans le tombeau. Il fit encore information d'autres pareils revenans, entre autres d'un homme mort depuis trente ans, qui était revenu par trois fois dans sa maison à l'heure du repas, avait sucé le sang au cou la première fois à son propre frère, la seconde à un de ses fils, la troisième à un valet de la maison ; et tous trois en moururent sur-le-champ.

» Sur cette déposition, le commissaire fit tirer de terre le corps de cet homme, et le trouva le corps fluide comme le premier, et ainsi que l'aurait un homme en vie. Il ordonna qu'on lui passât un grand clou dans la tempe, et ensuite qu'on le remît dans le tombeau. Il en fit brûler un troisième, qui était enterré depuis plus de seize ans, et avait sucé le sang et causé la mort à deux de ses fils. Le commissaire ayant fait son rapport aux officiers-généraux, on députa à la cour de l'empereur, qui ordonna qu'on envoyât des officiers de guerre, de justice, des médecins, des chirurgiens, et quelques savans, pour examiner les causes de ces événemens extraordinaires. »

XXV

Mais tous ces *Vampires* doivent céder la palme de l'horrible à un autre dont le vénérable dom Calmet raconte encore les méfaits, et surtout l'insolence. Nous terminerons par celui-là, laissant toujours parler l'abbé de Sennones :

« Un pâtre du village de Blow, près la ville de Shadan, en Bohême, apparut pendant quelque temps après sa mort, et appelait certaines personnes, lesquelles ne manquaient pas de mourir dans la huitaine. Les paysans de Blow déterrèrent le corps de ce pâtre, et le fichèrent en terre avec un pieu qu'ils lui passèrent au travers du corps. Cet homme, en cet état, se moquait de ceux qui lui faisaient souffrir ce traitement, et leur disait qu'ils avaient bonne grâce à lui donner un bâton pour se défendre contre les chiens. La même nuit il se releva, et effraya par sa présence plusieurs personnes, et en suffoqua plus qu'il n'avait fait jusqu'alors. On le livra ensuite au bourreau, qui le mit sur une charrette pour le transporter hors du village, et l'y brûler. Ce cadavre hurlait comme un furieux, et remuait les pieds et les mains comme vivant ; et lorsqu'on le perça de nouveau avec des pieux, il jeta un très-grand cri, rendit un sang très-vermeil, et en grande quantité. Enfin on le brûla, et cette exécution mit fin aux apparitions et aux infestations de ce spectre. »

Voilà plus qu'il n'en faut, sans doute, pour apprendre au lecteur que les *Vampires*, appelés également *Broucolaques*, *Upiers*, *Redivives*, etc., ont joué depuis long-temps et jouent peut-être encore un rôle important sur la scène du monde. Les siècles les plus éclairés ne sont pas ceux dans lesquels il y a moins de superstitions. L'esprit humain est toujours le même : il nie tel objet, il croit à tel autre ; sceptique sur les points principaux de la religion, il adopte les rêveries de l'astrologie judiciaire, les tours de passe-passe des diseuses de bonne aventure. Tout marche de pair dans le cerveau de l'homme, étonnant réceptacle de tout ce qui est le plus opposé, des contrastes les plus bizarres, comme aussi des conceptions les plus extraordinaires.

Nos campagnes principalement renferment une population crédulé, toujours prête à adopter tout ce qui lui paraît sortir des règles communes de la vie. La simplicité de l'existence journalière des paysans semble leur créer le besoin de lancer leur imagination dans l'océan sans borne du fantastique. Ils se récréent avec des chimères, avec des contes effrayans, et qui les agitent. Ne pouvant rêver les grandeurs qu'ils ne connaissent pas, ils mettent à la place la terreur, avec laquelle ils jouent. Ils ont une foule de superstitieuses pratiques, dans lesquelles ils trouvent leur consolation et leur appui. Ils peuplent les vieux châteaux, les cavernes profondes, les forêts silencieuses, les rochers escarpés, d'une foule de fantômes, de génies, de fées, de sorciers, d'enchanteurs, qu'ils font agir, et par qui ils expliquent tous les événemens, toutes les causes dont leur intelligence bornée ne peut naturellement trouver la clé. Aussi est-ce parmi eux que font fortune les mystérieux récits dans lesquels on fait agir des Etres d'un autre monde, des Intelligences supérieures à l'humanité. Les *Vampires*, par exemple, n'ont jamais établi leur séjour dans les villes considérables, aux lieux où règne la haute société, celle qui possède le plus d'instruction et de lumière; mais ils se sont montrés dans les pays perdus, dans les villages éloignés, parmi les fermes isolées: là, ils peuvent agir sans crainte d'être dévoilés; ils frappent d'épouvante des esprits faibles et grossiers; et, par de tels moyens, on mène des hommes qui, mieux éclairés, repousseraient le joug pesant dont ils sont accablés; il convient d'ailleurs, pour certains intérêts, que de tels préjugés existent. On a donc bonne grâce à croire aux *Vampires*.

Pourquoi d'ailleurs serions-nous incrédules sur ce fait ? Tant d'habiles gens ont cru aux *Vampires !* Dom Calmet, par exemple, avait quelque penchant à admettre leur existence. Voltaire, à ce sujet, il est vrai, l'a sifflé. Nous autres, race moutonnière, avons aveuglément adopté l'opinion de ce dernier : nous rions des *Vampires* ; lord Byron n'a pu même changer nos idées sur ce point. Eh bien ! cher lecteur, nous ne craignons pas de le dire, l'auteur de *Mérope* avait tort ; le bénédictin avait bien vu la chose : nous nous flattons de vous le prouver sans peine, en appelant seulement les regards sur ce qui se passe autour de nous.

Ne sont-ce pas des *Vampires* enivrés de notre sang le plus pur, que ces conquérans insatiables, toujours en armes, et par suite épuisant leurs états ? Ne rencontrons-nous pas sans cesse des hommes avides de nos sueurs, qui trouvent encore léger le poids dont ils nous accablent ? Pensez-vous que ces misérables, qui vont errans dans les villes et dans les campagnes pour contraindre les volontés publiques par l'appât du gain, ou la crainte de la suspicion, ne soient pas de vrais *Vampires*? Et celui qui, placé dans un haut rang, trouvant la vertu sur sa route, l'étouffe sous des habits brodés, ou l'étrangle avec un ruban moiré, ne l'appellerons-nous pas un *Vampire*?

Croyez-vous qu'il ne marche pas au premier rang des *Vampires*, ce banquier d'une maison de jeux où vont s'engloutir tant de fortunes, et se perdre de si dignes réputations? Au centre de Paris, dans les rues les plus fréquentées, dans les passages les plus obscurs, la nuit, le jour même, ne trouvons-nous pas des *Vampires* qui, parfois, se parant de tous les charmes d'un sexe aimé, ne possèdent pas moins la dépravation, l'avidité, les vices, les inclinations criminelles de leurs confrères de l'autre monde?

Enfin, de toutes parts on ne voit que des *Vampires* : il y en a sous le vêtement sacerdotal, comme sous la toge magistrale. On en voit qui sont couverts d'un vêtement militaire, ou parés d'une écharpe d'administrateur. Leur foule principalement habite parmi les fournisseurs, les entrepreneurs, les suppôts de la justice, chez les agioteurs, où ils sont en grand nombre : on en a même vu au rang des médecins.

# LA VAMPIRE.

## CHAPITRE PREMIER.

Des malheurs non mérités autant qu'imprévus arrachèrent le colonel Edouard Delmont, vers la fin de 1815, de sa terre natale. Paris l'avait vu naître, il eût voulu passer ses jours dans cette capitale du monde; mais la fortune en avait autrement ordonné. Edouard, après la seconde rentrée du Roi, donna précipitamment sa démission, et, les yeux baignés de pleurs qu'il retenait avec peine, il annonça à sa femme que l'impérieuse nécessité les obligeait à chercher loin de Paris, loin de Lyon même où elle était née, un coin de terre isolé où ils pussent vivre en paix.

Cette nouvelle frappa madame Delmont, qui portait le nom d'Hélène, mais ne la jeta pas dans le découragement. Elle aimait son époux, elle en était tendrement aimée; ses enfans suffisaient à remplir toutes les places de son cœur; les soins du ménage, la culture des beaux-arts, devaient, en quelque lieu qu'elle se trouvât, employer d'une manière agréable les instans que lui laisseraient les doux et sacrés devoirs de la maternité : aussi ne fit-elle aucune réflexion pénible en écoutant ce discours imprévu ; à peine si elle questionna le colonel sur la cause de cette prompte détermination. Une seule lui fut adressée ; elle avait pour but de connaître si quelque faute politique ne compromettait pas la sûreté d'Edouard ? Rassurée sur ce point et instruite que de fausses spéculations étaient le seul motif qui rendait nécessaire une retraite de quelques années, elle embrassa tendrement son époux, et lui jura que sans peine elle abandonnerait le tumulte de Paris, pour le repos de la solitude.

L'empressement de Delmont à s'éloigner paraissait extrême. Il ne voulut pas rester durant le temps nécessaire à la vente d'un superbe mobilier; il chargea un ami de le remplacer dans cette circonstance; et le lendemain du jour où il avait appris à sa femme sa résolution, il partit avec elle et leurs enfans, n'amenant qu'un seul domestique; sans avoir pris congé des personnes qui composaient le cercle assez rétréci de leurs connaissances.

Édouard, en sortant de la barrière, parut soulagé d'un énorme poids. Ses regards, qui erraient çà et là avec une apparence d'inquiétude tant qu'il était encore dans la ville, prirent une expression plus tranquille lorsqu'il se vit dans les champs; il lui sembla pouvoir respirer avec liberté, et, serrant avec vivacité la main de sa femme :

« Enfin, lui dit-il, nous voilà hors de cette cité de tumulte et de boue, point unique du rassemblement de tous les peuples de l'univers ; qu'il me tardait d'avoir franchi son enceinte, dans laquelle je ne pouvais plus me souffrir !

— Est-il possible, mon ami, lui dit sa femme, que vous vous exprimiez ainsi ! Paris n'est donc plus votre patrie ? A-t-il perdu pour vous le charme que vous lui accordiez tant autrefois ? Avec quel enthousiasme ne vous en ai-je pas entendu parler ? N'est-ce plus la même ville ? Et parce que notre position a changé, doit-elle vous déplaire ?

— Oui, je l'avoue, répliqua le colonel, je ne puis supporter la vue de ce qui autrefois m'enchantait. Les événemens qui se sont succédés avec tant de rapidité, la profanation de cette ville que je regardais comme sacrée par la présence des ennemis si souvent vaincus, la fureur des partis rallumée avec tant de violence, les opinions contraires désunissant les cœurs les mieux attachés, tout m'a donné de l'aversion pour le sol natal. La magie de Paris n'existe plus pour moi; elle ne se montre à mon regard que comme une cité ordinaire, et je sens qu'il me serait insupportable de l'habiter en ce moment.

— Soyez donc satisfait à l'heure où

nous la quittons ; puissiez-vous, mon ami, trouver dans la ville où nous nous rendons le repos que vous enlèveraient ici de nombreux, de pénibles souvenirs !

— De quelle ville parlez-vous ?

— Mais, de celle que nous habiterons sans doute. Nous voilà sur la route du Midi; en quel lieu s'arrêtera notre voyage? Sera-ce à Bordeaux, à Toulouse, à Tarbes, à Pau ?

— Hélas ! mon Hélène, reprit le colonel avec embarras, je crains de vous contraindre à consommer en entier le sacrifice. Pensez-vous que je quitte Paris pour aller habiter dans une autre cité, au milieu du fracas et d'une agitation toujours importune?

que je consente à m'arrêter en des endroits où une foule nombreuse s'entasse constamment, où chaque jour arrivent les étrangers que leurs affaires ou leur inquiète curiosité conduit sur chaque partie de la France ? Non, non, je sens que dans ma position il faut moins de bruit. Soyez assez bonne pour ne pas vous plaindre de ma résolution tyrannique ; je veux chercher une campagne isolée où rien ne puisse me rappeler le passé, et surtout me mettre en présence......... »

Ici une rapide rougeur colora le beau visage de Delmont ; il s'arrêta au milieu de sa phrase, et jeta sur Hélène un regard indéfinissable, mais dans lequel plusieurs douloureux sentimens éclatèrent à la fois.

Hélène eût peut-être été alarmée, si elle eût cru que des causes secrètes pouvaient causer le profond chagrin de Delmont. Mais elle savait combien il était oppressé des malheurs de la France, combien son amour pour sa famille lui faisait supporter avec impatience la perte d'une forte portion de leurs biens, qui ne lui permettrait pas de donner à ses enfans l'éducation brillante qu'il leur avait destinée. Elle connaissait en outre quelle tendresse il avait pour elle; elle redouta ses regrets de l'enlever à la société, aux plaisirs du monde qu'il croyait sans doute lui être chers : aussi, sans approfondir plus avant, elle s'arrêta à l'apparence, et pressant la main de son mari :

« Rassurez-vous, lui dit-elle, le souvenir de Paris ne m'inquiétera point. Peu importe le coin de terre que nous foulions; vous me restez, nos enfans nous accompagnent, ma harpe vient après nous, mes pinceaux sont dans cette cassette, que pourrai-je regretter? Où me serait-il défendu d'être heureuse?

— Quoi! chère amie, la campagne dans toute sa solitude ne vous épouvantera pas!

— Elle le ferait, si je m'y trouvais reléguée loin des trois êtres qui me sont chers; avec eux ma vie sera toujours remplie. Verrai-je jamais rien au delà du cercle de mes plus douces affections !

— Ah ! de quel tourment vous me délivrez ! car je vous crois sincère, mon amie; je ne doute pas que vos paroles ne soient les expressions des sentimens de votre cœur. Eh bien! je vous l'avouerai, j'ai besoin d'échapper au tumulte qui nous environne. Le calme du désert conviendrait seul à mon âme; il me faut donc, pour me tranquilliser, trouver un abri qui me mette à couvert de la tempête intérieure ; pas assez près d'une cité, pour qu'on vienne nous tourmenter; pas assez loin cependant, pour que nous ne puissions nous procurer les agrémens de la ville et les secours que peut réclamer la santé d'Eugène et de Juliette. (Ainsi se nommaient leurs enfans encore bien jeunes l'un et l'autre).

— Eh bien ! Edouard, où espérez-vous trouver cette retraite?

— Non loin de Toulouse.

— Il me semble que jamais vous n'avez habité cette ville dans vos courses aventureuses. Y aviez-vous quelques relations? Êtes-vous déjà fixé sur le lieu que nous habiterons?

— Non vraiment. Je ne sais ce que nous ferons, je donne tout au hasard dans cette circonstance; je me rapproche de Toulouse par cela seul que j'y suis complétement inconnu, que ma trace y sera perdue, que l'on ne viendra pas m'y surprendre....., car la vue des hommes m'est odieuse maintenant. Ah! que je voudrais avoir perdu la mémoire, que je voudrais, chère Hélène, n'avoir jamais vécu que pour vous! »

Ces tendres paroles, qui naturellement devaient charmer madame Delmont, produisirent sur son cœur un sentiment contraire. Le ton avec lequel son époux les avait prononcées semblait un reproche amer qu'il s'adressait à lui-même; sa physionomie portait en ce moment l'empreinte de cette agitation de l'âme qui en dit plus à l'observateur éclairé que le plus long discours. Hélène, quoique épouse, aimait son mari comme au premier jour de leur hymen. Nul mouvement jaloux ne s'était élevé dans son cœur, parce que les soins constans de Delmont lui avaient prouvé qu'elle seule occupait toute sa pensée ; mais ce calme pouvait être troublé d'un moment à l'autre. Hélène n'avait voulu jamais s'arrêter sur la vie de son mari, avant le moment qui les avait mis en présence pour la première fois : elle savait qu'un jeune et agréable militaire devait avoir eu force aventures galantes : mais, en même temps, elle aimait à croire que la rapidité avec laquelle les armées françaises avaient parcouru l'Europe, n'avait point permis à ceux qui les composaient de filer de longues intrigues, et de se livrer à des sentimens qui ne sont dangereux qu'alors qu'ils se prolongent. Hélène était donc sur ce point exempte d'inquiétude; et, cependant, à l'instant où le colonel lui parlait, une fatale pensée lui donna à croire qu'une ancienne intrigue avait peut-être sa bonne part dans un voyage qui avait l'air d'une fuite précipitée.

Quelles que fussent les idées de madame Delmont sur ce point, elle n'eut garde de les exprimer; elle chercha même à les repousser, en entamant une conversation sur l'histoire du pays qui allait devenir le leur, et dont la renommée avait rempli l'Europe.

« Peu nous importe, disait le colonel, l'exaltation des partis dans cette portion de la France ; nous n'y venons point pour nous mêler à de coupables intrigues, à d'injustes vengeances ; nous y cherchons le repos ; nous y remplirons tous les devoirs du citoyen, nous obéirons aux lois, nous nous interdirons toute plainte : il serait déplorable, qu'en veillant avec tant de soin sur notre conduite, elle pût servir néanmoins de prétexte aux fureurs des inquisiteurs de la pensée. D'ailleurs, en pleine campagne, dans une maison isolée, qui nous réclamera ? Soyez sans crainte à ce sujet, ma bonne amie, la prudence nous sauvera de tout péril. »

Les enfans, ennuyés d'une conversation à laquelle ils ne pouvaient prendre part, l'interrompirent en cet endroit par une foule de questions sur les lieux qu'on traversait. Delmont, heureux de leur babil, s'empressa de les satisfaire; tandis que son épouse, occupée à démêler sur ses traits ce qui se passait dans son âme, ne pouvait deviner encore la cause de ces rires sardoniques, de ces contractions de muscles qui donnaient tour à tour un caractère particulier à la belle et noble physionomie du colonel. Elle avait trop de perspicacité pour attribuer ces émotions de l'âme à de simples revers de fortune; celle du colonel était assez élevée, pour que la perte d'une portion de son aisance pût l'affecter à ce point.

Plus Hélène cherchait à pénétrer ce mystère, moins elle y parvenait; et en même temps son charmant visage se nuançait lui-même d'une mélancolique obscurité. Delmont ne tarda pas à s'en apercevoir; et, attribuant cette apparence de chagrin à leur départ de Paris, il essaya, par les soins les plus tendres, de faire disparaître ce nuage : il n'eut pas de peine à y réussir. Hélène, touchée des soins de son époux, ne voulut plus se perdre en de vaines conjectures ; elle dédaigna d'approfondir le passé, et, tout entière à sa position présente, elle jouit du bonheur si pur d'exister au milieu de ses enfans et de son mari. C'est dans cette position si parfaite que doivent disparaître les inquiétudes ou les chagrins. Quel baume ne verse-t-elle pas sur les peines de la vie, et que ces dernières sont peu de chose lorsque l'amour conjugal aide l'amour paternel à bannir loin du cœur les troubles cruels qui l'agitent!

## CHAPITRE II.

Dès son arrivée à Toulouse, le colonel Delmont ne perdit pas de temps à chercher cette retraite qu'il était si pressé de rencontrer. Il s'adressa à un notaire, afin de savoir s'il pourrait louer ou acquérir une maison de campagne enfoncée dans les terres, loin des grandes routes, et cependant à portée de la ville. Le hasard le servit à souhait. Le propriétaire du château de R***, situé au milieu d'une des plus fertiles contrées du Languedoc, et non loin de Toulouse, n'habitait pas cet ancien édifice ; il avait cherché vainement à trouver des amateurs de la vie champêtre, mais nul encore ne s'était présenté. Aussi se montra-t-il facile sur les propositions que lui fit Delmont, qui, instruit que le manoir était à louer, avait été le voir, et était revenu enchanté de sa situation, telle qu'il pouvait la désirer.

Dès que la police de location fut passée, le colonel quitta Toulouse avec sa famille. Il partit pour R\*\*\*, faisant venir à sa suite les meubles nécessaires à son nouvel établissement. Ils étaient simples, mais commodes ; l'élégance remplaçait le luxe, peu en harmonie avec les beautés simples de la nature. Ils étaient conduits par un ancien sergent du régiment de Delmont, nommé Raoul, brave militaire, qui devait la vie au colonel, et qui, rentré comme lui dans la vie civile, avait voulu partager son sort, et le servait moins en qualité de domestique qu'en celle d'homme entièrement dévoué à sa fortune. Une cuisinière, prise à Toulouse, une seconde fille de peine complétaient le ménage Delmont. Hélène et son époux avaient renoncé au faste; il ne pouvait plus leur offrir le moindre attrait.

Les premiers jours de l'arrivée à la campagne s'écoulèrent dans le mouvement ordinaire à une nouvelle existence; il fallait, pour ainsi dire, se suffire à soi-même. Les ouvriers étaient rares ou maladroits; tout l'arrangement de l'intérieur reposait sur l'adresse du colonel et de Raoul. C'étaient eux qui collaient les papiers, plaçaient les glaces, les meubles, montaient les lits; et leurs mains, accoutumées à manier les armes, savaient se servir avec adresse des outils de l'industrie.

Hélène, de son côté, n'était pas oisive; elle s'occupait du soin de tout ce qui avait rapport au linge et au ménage; elle ne négligeait rien : et les deux époux travaillant l'un auprès de l'autre, charmaient leurs instans par les épanchemens de la tendresse;

et le bonheur d'une entière confiance. Cependant, au milieu de ces légers travaux, quelquefois un souvenir rapide assombrissait le front du colonel; un tressaillement involontaire, qu'il réprimait aussitôt, annonçait dans son âme la présence d'une peine cachée; et plus d'une fois Hélène eut besoin de détourner sa vue, pour ne pas mettre Delmont dans une position pénible, celle de s'apercevoir qu'elle était en peine de ce qui l'agitait.

Plus souvent encore il se montrait calme. La présence de ses enfans l'enchantait, il aimait leurs jeux folâtres auquel il prenait part souvent; tantôt sa flûte occupait ses instans; tantôt, accompagné d'un chien de chasse, il parcourait les collines nombreuses qui coupaient le pays. Alors, enfoncé dans un bois touffu, il s'arrêtait au pied d'un chêne, croisait ses bras sur sa poitrine, et s'abandonnait à des rêveries qui se prolongeaient durant plusieurs heures ; le déclin du jour, le passage de quelques cultivateurs, le rendaient seulement à lui-même ; il frappait son front avec violence, et d'un pas rapide reprenait le chemin de sa demeure.

Elle était située sur une hauteur très-élevée, qui dominait toutes celles dont elle était entourée. Au nord, la vue, glissant sur de vastes côteaux, avait pour bornes les villages de Mervilla, de Vigoulet, qui se dessinaient sur l'horizon, tandis que les bas-fonds étaient partagés par des terres fertiles, cultivées avec soin, des prairies artificielles et quelques bouquets de bois, restes des immenses forêts qui avaient jadis couvert toute la contrée. Au levant, l'œil prenait en flanc une multitude de collines, qui toutes s'abaissaient vers l'ouest par des pentes insensibles; elles étaient chargées de hameaux, de maisons de campagne, parmi lesquelles, non loin du château, se faisait distinguer l'antique fief de Souterrène, encore orné de ses tours carrées bâties aux deux angles opposés, et de ses donjons placés aux extrémités contraires ; le corps de logis du milieu existait seul, et se trouvait debout après plusieurs siècles, tandis que les ailes renversées depuis long-temps avaient fait place aux richesses de l'agriculture, et à une végétation abondante qui annonçait la fertilité du sol. Là venaient se grouper dans un espace assez étendu quelques cabanes qui formaient le noyau de la commune ; là, sur un tertre, était bâtie la simple église, et la maison Curiale plus modeste encore. Vers le midi, plusieurs hauteurs échelonnées dérobaient la vue du cours de l'Arriège ; des villages, des édifices ruraux très-rapprochés, des bois d'une assez vaste étendue donnaient à cet aspect une physionomie variée ; mais la beauté du paysage cédait à celui que présentait le couchant. Là, au milieu d'une plaine immense, la Garonne promenait sa course rapide; la campagne, riche du fonds, et du travail de l'agriculteur, présentait de loin la forme d'un jardin sans terme, semé de fabriques nombreuses, de hameaux, de villages, de villes même assez importantes. L'azur du ciel était réfléchi par les ondes pures du fleuve de Guyenne, des vapeurs légères s'élevaient par temps du sein des eaux; elles en dessinaient les contours, elles montaient vers le ciel comme l'encens que les peuples de ces belles contrées brûlaient en l'honneur de l'Éternel.

Le château de R***, bâti sous le règne de Louis XIII, avait perdu toute sa magnificence intérieure. Il formait un carré au milieu duquel était renfermée une cour, et se composait de plusieurs vastes appartemens déchus de leur splendeur première ; nul meuble n'y était resté, les tapisseries étaient disparues ; les portes en mauvais état, les fenêtres sans vitrages ni contrevents, et presque entièrement bouchées, annonçaient que depuis long-temps cette demeure avait été oubliée par les maîtres. Les jardins avaient pareillement cessé d'exister, les champs de blé s'avançaient sous les murailles ; et les fossés, qui jadis en défendaient les approches, étaient presque entièrement comblés ; à peine trouvait-on dans un bois voisin et assez étendu, quelques restes d'allées. La végétation vigoureuse que le ciseau du jardinier ne contenait plus, avait envahi presque tout l'espace; elle s'étendait dans les sentiers autrefois tracés avec soin, et des troncs d'arbres à demi coupés, des ronces rampantes, opposaient partout leurs obstacles multipliés a ceux qui voulaient parcourir les routes alignées que chaque jour la nature achevait de reconquérir sur l'art.

Ce fut dans cette habitation désolée que la famille Delmont vint établir son séjour. Elle eut beaucoup à faire pour en rendre commode une petite portion; mais à force de soins, tout s'arrangea pour le mieux. Quelques chambres furent successivement restaurées ; elles semblaient un camp retranché au milieu d'une cité en ruine.

Si madame Delmont n'eût possédé que les goûts futiles de la société, elle eût été malheureuse dans ce lieu. Nulle société ne lui était offerte; les voisins qui pouvaient être autour de sa demeure, ne venaient à la campagne que dans la belle saison, tous habitaient Toulouse; et durant six mois de l'année, aucun n'eût osé se hasarder, au milieu des fanges du Lauraguais, pour venir visiter des champs dont l'abord était impraticable. Mais Hélène, comme nous l'avons dit, trouvait en elle de précieuses ressources. La musique, la peinture, le choix des meilleurs ouvrages dont le génie de l'homme ait fait présent à l'humanité, charmaient ses loisirs par les délassemens variés qu'ils pouvaient lui présenter. Tantôt elle retraçait sur la toile les divers aspects de la terre et du ciel qui frappaient ses regards; tantôt elle essayait sur sa harpe les chants harmonieux des musiciens de nos jours, les romances de d'Alvimare, les nocturnes de Blangini, les pastourelles de Dugazon; enfin, avec Racine elle versait de douces larmes, avec Milton elle assistait aux merveilles de la création de l'univers, et avec l'Arioste elle errait dans un monde d'enchantemens. Quelquefois de plus graves lectures occupaient ses loisirs. Pascal lui représentait ou les misères de l'homme, ou la folie des partis : elle voyait dans Bossuet la grandeur de la religion, qu'elle apprenait à aimer dans les pages éloquentes du Cygne de Cambrai.

Un an s'écoula sans que nul événement extraordinaire vint jeter de la variété dans la vie simple et uniforme de la famille Delmont. Plus le temps passait, et plus le colonel recouvrait sa tranquillité. Elle n'était pas troublée par les légers mouvemens d'humeur dont naguère il paraissait poursuivi; il était entièrement calme; nul souvenir importun ne semblait l'agiter. En secret, Hélène, qui les épiait pour les chasser s'il lui était possible, était heureuse de ce changement. Les absences de son époux étaient moins fréquentes; il ne recherchait pas avec autant de ténacité que dans les commencemens, le repos des bois ou l'agitation de la chasse; il restait avec sa femme et ses enfans, veillait à l'éducation de ceux-ci, et, pour se distraire, cultivait quelques plantes rares qu'il s'était procurées à Toulouse.

L'hiver, qui était sans charmes dans ce lieu, ne put néanmoins inspirer à Hélène et à Delmont l'envie d'en sortir: ils savaient se suffire à eux-mêmes. Et lorsque les eaux du ciel avaient détrempé les terres grasses qui forment le sol de cette partie de la France, lorsque la promenade devenait impossible, alors la vaste salle du château était changée en une arène de gymnastique, où le père et les enfans se livraient à des amusemens salutaires au développement et à la santé du corps; de longs et francs éclats de rire résonnaient sous ces lambris long-temps muets; les heures utilement et agréablement employées s'écoulaient avec rapidité, sans qu'on songeât à la pluie, qui, amenée par le vent d'ouest, tombait à torrent et faisait retentir la toiture.

Les soirées étaient employées à parcourir des recueils instructifs de gravures. Quelquefois un conte narré par Hélène rassemblait autour d'elle un couple d'auditeurs attentifs, qui, le regard fixe, la bouche entr'ouverte, écoutait avec avidité un récit plein d'intérêt. Delmont avec délice contemplait ce charmant tableau, et plus que jamais il se disait : Ah ! qu'ils sont à plaindre ceux auxquels ne peut suffire le bonheur qui ne peut laisser après lui aucun regret amer! Il n'en souhaitait pas d'autre, son cœur était plein ; et pour comble de félicité, le passé, quelquefois douloureux, disparaissait entièrement de son souvenir.

Plusieurs mois passèrent encore dans ce calme séduisant. Vers le milieu d'août, une lettre que reçut Delmont le jeta dans une perplexité étrange.

Il avait une sœur mariée à un magistrat de la ville de Nantes. Des torts réciproques entre les époux, jeunes tous deux, et tous deux esclaves peut-être de leurs passions, avaient amené des scènes désobligeantes dont chaque jour le nombre augmentait. Un ami commun de ces infortunés, redoutant un éclat qui paraissait inévitable, crut qu'il était de son devoir de prévenir Delmont de ce qui se passait. Il l'engageait à ne point perdre de temps pour venir à Nantes : sa présence, lui mandait-il, pouvait seule ramener l'harmonie dans un ménage à moitié désuni.

Cette confidence fâcheuse contraria Delmont désagréablement. Il lui paraissait pénible de s'éloigner du bonheur, pour aller se transporter au milieu du monde qu'il avait fui sans retour. En même temps son cœur lui reprochait son indifférence pour sa jeune sœur, à laquelle il devait tenir lieu de père. Il sentait combien ses conseils pourraient lui être utiles ; ils l'arrêteraient peut-être au milieu de la carrière agitée dans laquelle elle se lançait inconsidérément. Mais d'une autre part, il fallait s'éloigner de sa femme, de ses enfans, pour un temps indéterminé : le sacrifice était extrême ; aussi balança-t-il long-temps. Avant de se déterminer, il essaya par la voie de la correspondance à parler aux sentimens de madame Lemorin (ainsi se nommait sa sœur) ; mais de vaines représentations ne pouvaient être entendues là où les passions tumultueuses élevaient la voix. Les deux époux, dans les réponses qu'ils lui faisaient, s'accusaient réciproquement, et ne songeaient pas à se rapprocher. Enfin leurs querelles s'envenimèrent à tel point, que la sœur de Delmont ne craignit pas de quitter la maison commune, et de se retirer à la campagne chez une amie.

## CHAPITRE III.

En apprenant cette dernière nouvelle, le colonel n'hésita plus. Il se reprocha le retard qu'il avait mis à partir; il s'imputa une portion de la faute qui venait d'être commise. Il fallait chercher sans tarder à y porter remède; et après avoir demandé l'avis d'Hélène, qui se trouva conforme au sien, il prit le chemin de Toulouse, sachant que cette ville lui offrirait des moyens rapides de transport qui le conduiraient à Nantes. Il s'éloigna seul, laissant auprès de sa femme et de ses enfans, pour veiller à leur sûreté commune, le probe et valeureux Raoul, qu'il pouvait regarder comme un autre lui-même en tout ce qui regardait l'intérêt de sa famille. Hélène eut besoin de courage pour supporter cette séparation, qui était la première; mais, renfermant sa douleur, elle n'en montra que la portion qu'il lui fut impossible de retenir.

« Oh ! mon ami, dit-elle en versant des larmes, hâtez-vous de revenir. C'est maintenant que ce lieu va me paraître une solitude complète, j'y serai seule dès que je ne vous y verrai plus. »

Delmont essaya de verser quelque

consolation dans l'âme sensible d'Hélène. Le mois de septembre tirait à sa fin ; il lui promit que celui de décembre serait l'époque la plus éloignée de son retour, et qu'elle pourrait se fier à sa tendresse pour croire qu'il devancerait cet instant, pour peu qu'il lui fût possible de le faire. Mais à l'heure des adieux, que les consolations sont vaines ! Le mal présent accable ; on ne voit, on ne sent que lui. L'avenir alors est désenchanté ; l'espérance perd toute sa magie : on ne connaît, on n'éprouve que les tortures du présent.

Les premiers jours qui suivirent celui du départ de Delmont laissèrent Hélène dans une complète apathie.

Son esprit, frappé par mille sinistres idées, devint susceptible des craintes les plus superstitieuses. Ce n'était plus qu'avec une secrète horreur qu'elle montait le soir l'escalier du château, et qu'elle traversait la grande salle. L'imagination, toujours si active à chercher ce qui peut nous effrayer, redoublait de vivacité pour jeter la terreur dans l'âme d'Hélène. Peu de chose suffisait pour la faire frémir; elle s'arrêtait parfois en tressaillant, croyant entendre quelque bruit singulier; ou bien elle fermait ses yeux dans la crainte de quelque sinistre apparition. La compagnie de ses enfans ne suffisait pas à la rassurer durant les soirées qui déjà devenaient longues. Elle appelait Raoul ; elle demandait Germaine (la cuisinière), bonne fille, mais très-susceptible de croire à tout ce qu'imaginent les esprits faibles et sans instruction. Elle les retenait auprès d'elle pendant des heures entières, sous prétexte de leur donner ses instructions, ou de leur demander compte des emplois qui leur étaient confiés.

La campagne a beau être solitaire, et les maisons être écartées, rien ne peut mettre en défaut la curieuse investigation des basses classes de la société. Il est pour elles une foule de circonstances dont les détails les récréent ; elles tiennent registre des événemens les plus ordinaires ; la moindre action leur paraît importante, la plus vaine parole est soigneusement commentée ; tout se sait avec rapidité ; le champ des conjectures s'agrandit avec une incroyable facilité, et les caquets les plus dangereux sortent souvent des bouches auxquelles l'observateur superficiel accorderait à peine le don de la parole.

La venue de Delmont dans le pays avait singulièrement intrigué la gent villageoise. Que de récits exagérés on avait faits sur leur compte ! que de fables ridicules avaient été répandues ! Mais le temps s'était écoulé ; la même matière ne peut toujours occuper la malignité publique. La famille Delmont, au bout de quinze mois, semblait être naturalisée dans le pays ; on ne s'occupait plus d'elle que pour causer des détails journaliers, et l'on venait même rapporter très-volontiers, les hommes à l'écurie avec Raoul, les femmes à l'office avec Germaine, ce que l'on avait appris le dimanche à la porte de l'église : les autres jours dans les marchés des communes voisines, ou dans les réunions occasionées par les travaux champêtres.

Germaine et Raoul, lorsqu'ils en trouvaient le moment, aimaient à redire à madame Delmont ce qu'ils avaient entendu. Elle rougissait intérieurement du plaisir bizarre qu'elle prenait à les ouïr ; mais en l'absence de son époux la distraction lui était nécessaire, et n'importe quelque matière qui fût traitée devant elle, elle la préférait à l'isolement dans lequel elle passait ses jours.

Déjà depuis une semaine Delmont n'était plus au château, lorsque Germaine, à l'heure de la veillée, se présenta avec un tel air d'importance, qu'Hélène ne douta pas qu'elle n'eût une nouvelle remarquable à lui conter. Elle ne se trompait pas : la bonne fille, dès qu'elle fut assise auprès de la lampe qui éclairait le travail du soir :

« Eh bien, madame, lui dit-elle, voilà que nous ne serons plus seules dans ce lieu ; le pays se peuple, les étrangers y abondent ; et si cela continue, il faudra, à ce qu'on dit chez le forgeron, demander à *monsieur le préfet* la permission d'établir un marché chaque lundi sur la place de R\*\*\*.

— Eh ! mon Dieu, répondit madame Delmont, surprise de ce propos, quels sont donc les nombreux habitans qui viennent s'établir dans la commune ?

— A dire le vrai, madame, on n'en voit pas beaucoup encore, mais cela viendra. Voici déjà M. le colonel Delmont et sa famille, puis une dame, dont on ne sait pas l'histoire, qui vient d'acquérir la petite maison située au bas du prochain côteau, au milieu des bois.

—Elle a choisi là une demeure bien isolée; elle doit avoir un grand courage, ou beaucoup de monde à sa suite, pour habiter sans crainte cette maison.

—C'est ce que dit tout le village; et pourtant elle est seule, absolument seule, car on ne peut faire état d'un vieux domestique si cassé, si pâle, si défait, qu'il ressemble moins à un vivant qu'à un habitant de l'autre monde. Quant à la dame, on dit qu'elle est jolie, quoiqu'elle ait un air bien extraordinaire. Je ne puis d'ailleurs l'assurer, car je ne l'ai point vue; mais dimanche prochain, il faudrait que je fusse bien malade, si je manquais la messe ; il est impossible que la dame n'y vienne pas, et alors je la regarderai de manière à vous en rendre un bon compte, si, par cas, vous ne pouviez jeter les yeux de son côté.

— Je ne doute pas, Germaine, du soin que vous prendrez à l'observer de votre mieux ; mais, en attendant ce moment, que dit-on d'elle ? connaît-on le motif qui la porte à venir dans un lieu si peu agréable durant l'hiver ? est-elle de Toulouse ? est-elle veuve, ou a-t-elle son mari ?

— Toutes ces questions ont déjà été faites à son domestique, sans qu'on ait pour cela obtenu une seule réponse satisfaisante. On assure que celui-ci est un bourru et bien malhonnête personnage. Savez-vous ce qu'il réplique ? Oui ; non ; peut-être ; cela ne vous regarde pas : et avec cela il paye tout de suite ce qu'il achète, et se retire sans plus jaser que s'il était une statue de bois. Tout ce qu'on a pu conjecturer, c'est que ces gens-là ne sont point nés en France; ils ont un accent bizarre, et entre eux ils se servent d'une langue étrangère. Ce sont peut-être des Anglais hérétiques, qui quittent leur pays maudit de Dieu, où jamais, dit-on, le soleil n'a brillé tout un jour, où la vigne ne mûrit point, et où le figuier n'a jamais pu prendre naissance.

— Eh bien ! si cette dame est Anglaise, elle n'ira pas à l'église, et vous ne la verrez pas dimanche à votre aise.

— Cela serait-il possible? Ah! les vilaines gens, qui n'entendent pas la sainte messe; on devrait les brûler tout vifs. Ils sont huguenots, peut-être? Là! voyez! de vilains *parpaillots* (1)! Mais, non, ce ne peut être : la dame est bonne chrétienne, et elle ne fuira pas l'église comme une excommuniée.

— Et y a-t-il long-temps qu'elle est dans le pays? poursuivit Hélène, qui éprouvait déjà le désir de rencontrer

---

(1) On appelle encore dans le Languedoc les protestans du nom de *Parpaillots*.

chez l'étrangère une société qui pût mettre quelque variété dans la marche uniforme de sa vie ordinaire.

— Elle est venue précisément ici le jour même du départ de M. Delmont. Elle descendit dans la cabane du berger Paul, et lui demanda si, dans le voisinage, il n'y avait aucune maison à affermer ou à acheter. Paul, qui est sans malice, lui répondit que les frères Gerlot voulaient vendre la petite maison des bois; elle les envoya chercher sur-le-champ, traita avec eux, et coucha dès la même nuit dans sa nouvelle acquisition. Comme Paul et les Gerlot sont de vrais sournois, ils ont d'abord fait un mystère de cette affaire, voulant sans doute laisser ignorer la forte somme qu'ils auront exigée de cette pauvre dame. Mais tout se dit à la fin ; nous avons su l'histoire, et je n'ai pas été la dernière à l'apprendre. Voilà une heure que la femme du carillonneur est venue me la redire, et j'aurais cru manquer à mon devoir, si je n'en eusse pas sur-le-champ fait part à madame. »

Hélène, par une inclination de tête, remercia Germaine de ses bonnes intentions, et elle se promit de ne pas négliger de faire la connaissance de cette nouvelle venue.

Tandis que ces deux interlocutrices causaient sur cette matière, Raoul gardait le silence et hochait la tête de temps en temps. Ce mouvement, sa taciturnité surprirent madame Delmont, qui lui demanda s'il concevait quelque méfiance contre la dame inconnue.

« Ma foi, Madame, lui dit-il, je ne vois rien de bien satisfaisant dans son apparition ici. Une femme jeune, et que l'on dit jolie, vient, avec un seul domestique, s'enfermer dans une maison isolée, cela semble-t-il convenable ? où est son mari ? n'a-t-elle pas une famille ? ne serait-ce pas une aventurière ? J'en ai tant vu à la suite de notre régiment de ces mystérieuses princesses, qui fuyaient tous les regards, qui se cachaient avec soin jusqu'au moment où elles avaient fait une dupe ; alors elles paraissaient au grand jour, elles étalaient leur luxe et leur inconduite; et puis, quand l'orange était sucée, elles disparaissaient comme ces feux follets que nous voyons s'élever parfois dans les bas-fonds qui environnent le château.

— Je crois, en effet, répondit Hélène, que, dans une grande ville, on peut rencontrer de ces malheureuses créatures qui, pour trafiquer avec plus d'avantages de leurs charmes, cherchent à piquer la curiosité par les ténèbres dont elles s'environnent; mais à R***, mon bon Raoul, que viendrait faire une d'entre elles? quel est le riche particulier qu'elle voudrait séduire? Je ne vois autour de nous que des familles unies, et qui, sous peu de jours, quitteront leurs campagnes jusqu'à l'été prochain. Ne sommes-nous pas à des époques désastreuses où de grandes infortunes ont dû amener des résolutions désespérées ? Cette dame ne peut-elle pas avoir quelque honte à paraître dans le monde d'une manière inférieure au rang qu'elle occupa ? Le lieu de sa retraite me semble parler pour elle. Est-ce au milieu des bois, loin de toute route, qu'une Syrène moderne voudrait établir sa retraite ? Ne chercherait-elle pas à se rapprocher plutôt des endroits fréquentés par les voyageurs ? Allons, Raoul, moins de méfiance, je vous prie ; ne jugeons mal de notre prochain qu'avec de fortes raisons de le faire. »

Raoul ne répliqua pas, mais il ne parut point convaincu. Le passé lui servait de livre, il croyait pouvoir y lire couramment tout ce qui devait avoir lieu dans l'avenir.

Le lendemain, la journée fut d'une beauté remarquable. Les enfans, vers le coucher du soleil, s'écartèrent de la maison, sous la conduite de Raoul, et leur course les conduisit dans les allées du bois qui s'étendait depuis le château sur deux collines prochaines, et dans une partie des vallons qui les enceignaient. Madame Delmont, légèrement indisposée, ne poussa pas aussi loin sa promenade : elle descendit vers

le hameau, et causa avec les villageois
qu'elle rencontra, de la vendange qui
se présentait sous les plus heureux
auspices. De toute part elle entendit
parler de l'étrangère; sa présence pi-
quait la curiosité commune; on épiait
tous ses mouvemens; on savait que,
dès la fin du jour, elle sortait de
sa demeure pour parcourir les environs; mais tant que le soleil luisait,
elle se montrait rarement; elle passait ses journées dans une chambre
haute où nul individu ne pénétrait.
Son vieux domestique était chargé de
tous les détails du ménage; mais ta-
citurne, et le visage toujours chagrin, il se refusait à toute conversation, et gardait constamment un si-

lence qui ne convenait pas à l'avide curiosité des commères du lieu. Plus on racontait à Hélène de particularités concernant l'inconnue, plus elle formait le dessein de parvenir à elle. Madame Delmont, au milieu des plus excellentes qualités, était cependant la fille de notre mère commune. Elle cacha néanmoins sous une complète indifférence son désir secret, et lorsque la nuit eut couvert les cieux elle remonta au château, suivie de Germaine, qui était venue à sa rencontre.

Dès que ses enfans l'aperçurent, ils coururent à elle avec empressement. « Oh ! maman, chère maman, s'écrièrent-ils tous deux à la fois, nous l'avons vue la belle, la mystérieuse dame; nous lui avons parlé, et elle nous a donné ces couronnes de fleurs. Oh! combien elle est bonne, et cependant combien elle est jolie! »

Ces propos enfantins, cette rencontre imprévue, piquèrent plus vivement la curiosité de madame Delmont. « Allons, mes enfans, leur dit-elle, ne parlez pas tous les deux en même temps; que l'un de vous me conte ce qui s'est passé, et l'autre, s'il se trompe, le fera ressouvenir de ce qu'il pourrait oublier. »

Cette proposition était bien convenable, mais il se présentait de grandes difficultés pour qu'elle pût être mise à exécution. Juliette, pleine de vivacité et de gentillesse, ne paraissait pas disposée à céder la parole à son frère, qui, de son côté, réclamait son droit d'aînesse, pour être le narrateur de la grande aventure. Une dispute sérieuse s'ensuivit. Hélène tenta vainement d'abord la voie de conciliation, ses efforts furent inutiles; Juliette voulait parler, et Eugène ne voulait pas se taire. Force fut à la mère de faire enfin intervenir son autorité; et un ordre absolu commanda le silence à la petite fille. Celle-ci prit alors une mine boudeuse, courut dans un coin de la chambre cacher son joli visage, en certifiant que son frère pouvait se tromper, mais que bien certainement elle n'ouvrirait pas la bouche pour le reprendre.

Eugène, fier de la marque de distinction que lui accordait sa mère, l'en remercia par un gracieux sourire, et, se tenant debout devant elle, commença son récit : « J'avais envie, ma chère maman, de descendre dans le vallon voisin, et j'ai prié Raoul de nous y conduire, afin de cueillir dans le pré des jacinthes simples qui y croissent à foison. Il y a consenti ; et nous étions déjà dans ce lieu depuis quelques momens, lorsque Juliette, qui n'est jamais tranquille, a couru du côté du bois.

— Ce n'est pas vrai, Monsieur, s'écria Juliette toute irritée de l'accusation de son frère ; je poursuivais une demoiselle verte et bleue, et tu en faisais autant. Tenez, maman, continua la jeune espiègle, vous ne sauriez rien d'exact avec Eugène, et je vais vous raconter ce qui s'est passé ; car enfin, c'est à moi que la dame a parlé la première.

— Je vous avais ordonné de vous taire toutes les fois qu'Eugène ne se tromperait pas, répondit avec douceur et gravité tout à la fois madame Delmont, je persiste dans ma volonté première ; songez qu'il ne faut pas que je vous l'intime une troisième fois. »

La sécheresse de ce propos, si peu en harmonie avec la vive tendresse qu'Hélène portait à son aimable fille, causa à celle-ci une telle douleur, qu'elle fondit en larmes, et, passant ses bras autour du col de sa mère, elle se mit à pleurer amèrement. Hélène reconnut alors qu'elle s'était montrée trop sévère, et, sans rien dire, elle caressa avec sa main les beaux cheveux blonds de sa fille, et posa un doux baiser sur son front d'albâtre, où la sérénité ne tarda pas à renaître après la réception de ce gage de paix. Cependant Eugène continuait son histoire. Il raconta comment la dame étrangère avait apparu à ses regards surpris, tandis qu'il s'avançait pour chercher sa sœur, qui était perdue au milieu d'un taillis;

comment il la trouva tenant la main de la dame, et comment celle-ci s'était unie à leurs jeux, quoique, poursuivit l'enfant, il paraissait qu'elle n'aimait guère la gaîté ; elle était sérieuse, même en se divertissant, et les longs éclats de rire que Juliette n'épargne par lorsqu'elle s'amuse, semblaient la faire tressaillir. Elle nous a traités avec une rare bonté. Vainement Raoul voulait-il nous ramener ; elle nous retenait sans cesse ; elle avait toujours quelques fleurs à ajouter aux couronnes qu'elle tressait. Elle est bien adroite, je vous jure, ma chère maman, et néanmoins elle porte toujours un gant à la main gauche ; cela doit la gêner. Juliette, qui ne doute de rien, a voulu le lui enlever; mais elle s'y est opposée avec vivacité, et lui a jeté, en même temps, un regard qui a fait frissonner ma sœur et moi, tant il était empreint de je ne sais quel chagrin que je ne me sens pas en état de t'expliquer.

Ce récit fut confirmé en tout point par la petite fille, qui à son tour se hâta de prendre la parole. Elle ajouta une foule de détails. Elle apprit à sa mère, qu'à l'instant où elle s'était enfoncée dans le fourré, elle avait vu tout à coup la jolie dame auprès d'elle, comme si elle fût sortie d'un arbre placé tout auprès.

« J'ai eu, poursuivit Juliette, un moment d'effroi involontaire, qu'elle a vu et qui lui a fait beaucoup de peine ; elle est venue à moi en souriant, et ses gracieuses paroles n'ont point tardé à me rassurer. Elle ne m'a fait aucune question, ainsi qu'ont l'usage de faire tous ceux qui me voient pour la première fois. Elle m'a parlé des plaisirs de la campagne, de l'envie qu'elle aurait d'être mon amie ; et de vous et de mon père elle n'a pas dit un mot. »

Raoul, interpellé à son tour, confirma tout ce que les enfans disaient. Mais un trouble profond semblait être répandu sur sa figure ; il cherchait vainement à le dissimuler, il éclatait malgré lui, et madame Delmont dut en être frappée.

« Eh bien! Raoul, lui dit-elle, vous n'êtes pas autant charmé de la dame étrangère que le sont Eugène et sa sœur. Conservez-vous toujours votre défiance, ou par hasard l'auriez-vous reconnue?

— Moi, reconnue! madame, s'écria le militaire, dont le visage se couvrit en même temps d'une extrême pâleur; je ne vois pas que rien dans ma conduite ait pu vous amener à former une pareille conjecture. Je ne connais point cette personne, mais je ne persiste pas moins à croire que sa venue en ce lieu est trop mystérieuse pour annoncer quelque chose de bon. Si mon conseil n'était pas à dédaigner, vous ne permettriez point à vos enfans de se lier avec elle; et quant à ce qui est de souffrir qu'elle mette le pied dans le château, vous savez ce que vous avez à faire. Mais pour moi, si j'étais à votre place, je ne consentirais pas à ce qu'elle dépassât la première cour.

— Pour agir avec tant de rigueur à son égard, répliqua Hélène, il me faudrait être certaine que sa société n'est point faite pour moi; c'est ce que je saurai bientôt, peut-être. Mais puisque vous l'avez vue aujourd'hui pour la première fois, puisque l'antipathie qu'elle vous inspire ne repose sur aucun solide fondement, je puis agir au gré des circonstances; bien décidée pourtant, mon cher Raoul, à régler ma conduite d'après vos avis, si vous saviez sur le compte de cette dame des détails qui vous prouvassent que je coure quelque danger à la recevoir, si par cas elle se décide à me venir visiter, selon le droit que le voisinage lui donne. »

En entendant madame Delmont s'exprimer avec tant de bonté, Raoul parut un moment incertain sur ce qu'il avait à dire, mais cette indécision cessa subitement; et d'une voix ferme, il assura que de seules préventions faisaient élever ses craintes; que la dame lui était inconnue de toute façon, et que sa maîtresse avait tout droit d'agir selon son gré et sa fantaisie.

Hélène connaissait la noble franchise du soldat; et lorsqu'il se fut exprimé en ces termes, elle ne douta plus de ce qu'il disait; elle attribua ses insinuations à la méfiance naturelle à ceux qui ont beaucoup vu : le mal s'est montré devant eux sous toutes les formes, aussi craignent-ils toujours de le rencontrer là où les apparences semblent le moins le présenter. Ce n'est que dans la vie retirée que l'âme s'abandonne à une confiance que rien encore n'a trompé; la fréquentation des hommes peut seule apprendre à les craindre.

———

## CHAPITRE IV.

Raoul, cependant, en affirmant à madame Delmont que l'étrangère lui était inconnue, avait menti à sa conscience. Il ne pouvait avoir oublié des traits trop remarquables; il savait combien celle qu'ils paraient était digne d'inspirer un tendre attachement, et il frémissait d'une rencontre qui semblait promettre de cruels orages pour l'avenir. Mais, dans cette circonstance, devait-il empoisonner la tranquillité dont jouissait sa digne maîtresse ? Fallait-il allumer dans son cœur les flammes dévorantes de la jalousie? Il est malheureusement dans la vie des cas où il est indispensable de taire la vérité, où il faut faire un pacte avec le mensonge, afin d'éviter des maux violens. Un de ceux-ci se présentait à cette heure, et Raoul avec dépit lui sacrifia sa franchise naturelle; il tut donc ce qu'il savait. Mais combien il était empressé de voir finir la soirée, pour être libre de se retirer dans sa chambre, afin de réfléchir tranquillement à ce qu'il devait faire dans cette position pénible! En même temps, sa prudence lui faisait concevoir combien il importait de ne rien laisser à connaître de ce qui agitait son âme. Les soupçons venant à s'élever dans le sein de madame Delmont, pouvaient conduire à d'étranges réalités. Aussi fit-il un appel à son énergie; et en veillant beaucoup sur lui, il parvint à se rendre maître de son visage, où Hélène ne put lire que l'indifférence de la vie accoutumée.

Rendu enfin à lui-même lorsque onze heures du soir eurent frappé à la pendule de l'escalier, il se hâta de se placer devant le bureau qui était dans sa chambre, et il écrivit à son maître ce qui se passait.

« Combien, lui disait-il, votre sur-
» prise sera grande, mon colonel,
» lorsque vous apprendrez qu'Alins-
» ka habite en ce moment R\*\*\*, et

» qu'elle est la plus proche voisine du
» château ! que vient-elle faire dans
» ce pays, après un si long espace de
» temps ? quel dessein l'occupe-t-il ?
» Je ne puis vous en rien dire, elle
» ne m'a pas reconnu ; du moins, en
» me voyant, n'a-t-elle point laissé
» échapper le plus léger mouvement
» qui pût me le faire deviner. Don-
» nez-moi vos ordres, je les exécute-
» rai de suite. Voudrez-vous la re-
» voir, et vous procurer une entrevue
» avec elle pour vous instruire de ses
» desseins ? ou bien préférez-vous que
» madame et vos enfans quittent sur-
» le-champ le pays ? Ce parti serait
» peut-être le plus convenable ; vous
» ne serez jamais heureux, ni tran-

» quille, tant que cette infortunée
» hongroise existera, ou du moins,
» tant qu'elle pourra vous poursuivre
» de sa présence et de ses reproches. »

En achevant d'écrire ces derniers mots, Raoul tressaillit, car il crut entendre derrière lui le frottement d'une robe, et sentir la respiration d'une personne qui se penchait sur sa tête pour lire ce qu'il traçait. L'illusion était si parfaite, qu'il ne douta pas que madame Delmont ne fût auprès de lui; et désespéré d'un incident pareil, qui le confondait, il n'osa pas d'abord lever les yeux ni tourner son visage. Mais après une minute écoulée dans cette contrariante situation, nul bruit nouveau ne venant frapper son oreille, il regarda autour de lui et reconnut qu'il s'était trompé; aucune créature humaine n'était dans sa chambre, où regnait un profond silence, qu'interrompait seulement par intervalle le cri d'une Orfraie solitaire perchée sur une des tours du château.

Cette certitude lui causa une joie infinie; il s'empressa de cacheter sa lettre, et après avoir fermé soigneusement sa porte, il essaya de se livrer au sommeil. Mais de long-temps encore il ne put en goûter le baume réparateur, la mystérieuse Alinska ne sortait point de sa pensée; et dans son dépit contre elle, le franc militaire jurait à haute voix, comme s'il eût eu à procéder à l'instruction des recrues qu'on envoyait autrefois à sa compagnie. Cependant, à force de chercher l'oubli de soi-même, il le rencontra; ses paupières, lasses d'une veille prolongée, se fermèrent; et l'homme en lui n'exista plus que dans ses rapports nocturnes avec les célestes intelligences.

L'aurore voyait presque toujours Raoul prévenir son réveil. Pour cette fois, il manqua à sa coutume ordinaire; et même le soleil avait déjà paru au-dessus des collines de Coronsac, lorsque l'ancien Sergent-major, s'éveillant en sursaut, demeura surpris de son profond engourdissement. Les travaux champêtres devaient être commencés, et il n'avait point présidé à leur début. Honteux de cette faute, que lui seul devait se reprocher, il se hâta de se lever, et il courut vers la ferme pour savoir si les ouvriers étaient venus. A peine eut-il fait quelques pas hors du château, qu'il se rappela tout à coup qu'il avait abandonné sur son bureau la lettre importante écrite à son maître. Il jugea que la prudence ne lui permettait pas de la laisser rôder ainsi, et sur-le-champ il rentra pour la prendre d'abord, et pour la donner ensuite à un journalier, afin qu'il pût la jeter à la poste à Toulouse.

Cette lettre n'était plus au lieu où Raoul l'avait oubliée; mais, brisée en cent morceaux, elle couvrait le plancher de la chambre!...... Cet aspect, aussi surprenant que sinistre, arracha à Raoul une véhémente exclamation, et le livra bientôt à des réflexions fort pénibles. Qui avait pu déchirer cet écrit? Qui s'était introduit si promptement dans sa demeure, pour y agir avec tant d'audace? Serait-ce madame Delmont, Germaine, ou la fille de basse-cour? ces trois seuls individus pouvaient être levés à cette heure. Il se rappela que Jeannette, la dernière, était hors du château avant lui. Germaine, occupée dans la cuisine des soins particuliers du ménage qui réclamaient tous ses instans, n'aurait pu quitter son ouvrage; et les fenêtres de l'appartement de leur maîtresse, soigneusement fermées, annonçaient que celle-ci reposait encore. Troublé cependant au dernier point d'un incident si extraordinaire, il ne put prendre sur lui de recommencer la lettre détruite ; il en ramassa soigneusement les morceaux qu'il fut anéantir dans le foyer voisin, et sortit tout confondu de ce qui venait de se passer, et auquel il ne pouvait assigner une cause satisfaisante.

La journée s'écoula avant que les esprits de Raoul fussent rentrés dans leur assiette ordinaire. Quoiqu'il fût persuadé que madame Delmont n'était pas l'auteur de l'attentat commis dans sa chambre, il demeura embarrassé au premier moment qui le remit en sa présence : cherchant à se contraindre, il essaya de lire sur la physionomie d'Hélène; mais rien de particulier ne s'y présenta. Elle était calme, et ne fit en rien connaître qu'une découverte inattendue eût troublé sa tranquillité. Raoul, plus étonné que jamais, se perdait en de vaines conjectures : il entendit avec peine les enfans lui proposer de les ramener à la promenade de la veille, où ils espéraient revoir, disaient-ils, leur nouvelle amie.

Raoul aurait bien voulu leur refuser, mais madame Delmont était présente; et avant qu'il pût prendre la parole, elle avait déjà consenti. Pour lui, il ne lui était plus permis de faire connaître son sentiment; la prudence, d'ailleurs, lui montrait combien il importait de n'élever aucune crainte dans l'âme de la femme de son colonel. Il retint donc un mouvement d'impatience qui lui échappait, et il descendit lentement la colline, selon le désir de ses jeunes compagnons.

A peine entraient-ils dans la petite prairie, que la hongroise Alinska parut inopinément sortir du bois : elle portait dans ses mains un mail, deux boules, et une belle poupée, qu'elle destinait aux enfans. Dès qu'ils eurent vu leur nouvelle amie, ils coururent vers elle, et Juliette, la plus hardie, ne craignit point de se jeter dans ses bras. Cette action innocente parut l'émouvoir ; elle se recula d'un pas, et porta sur la jeune étourdie un regard tellement sombre, si particulièrement sinistre, que le courageux Raoul en demeura confondu. Mais ce premier mouvement dura peu ; un léger sourire vint animer les traits de l'étrangère, et, avec une grâce charmante, elle distribua les présens qu'elle avait apportés.

Eugène, enchanté du mail et des boules, courut vers une route voisine pour les essayer. Juliette, heureuse à la vue de sa poupée, demanda la permission de cueillir des fleurs pour parer la robe, le sein et le front de la dame du bois ; l'étrangère ne s'y opposa point. Elle s'éloigna bientôt de quelques pas; et lorsqu'elle eût vu les enfans occupés de leurs nouveaux amusemens, elle se rapprocha du Sergent-major. Celui-ci, adossé contre un peuplier planté dans la prairie, se rappelait avec émotion le passé ; il craignait que de nouveaux orages ne troublassent le repos de son colonel : il n'était pas content ; mais il ne savait que faire pour prévenir ce qui le comblait de douleur.

Raoul, tout occupé en lui-même, n'avait pas entendu la dame s'approcher de lui, lorsqu'il fut tiré de sa rêverie par le son d'une voix qui lui était bien connue, mais qui, à ce moment, avait quelque chose de rauque, de solennel, bien propre à émouvoir celui qui l'entendait.

« Eh bien ! Raoul, lui dit-elle, que vous ai-je fait pour m'être toujours contraire ? Votre injuste aversion ne cessera-t-elle de me poursuivre avec la même rigueur ? »

Surpris au dernier point d'une interpellation pareille, le soldat, levant les yeux, s'écarta de l'arbre qui le soutenait, et parut peu disposé à répondre. Cependant, faisant un effort sur lui-même :

« Alinska, dit-il, que me voulez-vous ? pourquoi avez-vous abandonné votre patrie ? que cherchez-vous au fond de la France ? le temps n'a-t-il aucun empire sur vous ? penseriez-vous encore comme vous le faisiez aux jours de votre jeunesse ? En ce cas je vous plains, ou plutôt je déplore la folie qui vous entraîne.

— Le temps, répondit l'étrangère du ton le plus solennel, ne peut plus rien sur moi; il est une époque de l'existence où son empire cesse, où les sentimens deviennent inaltérables comme l'éternité, dont ils sont une portion intégrante. Ne vous effrayez point de ma présence, ce n'est pas ma volonté qui me dirige ; je ne m'appartiens plus ; je suis à un maître cruel, impérieux, qui ordonne toutes mes démarches. Ma blessure passée saigne encore, et le temps, comme vous l'appelez, a perdu le droit de la cicatriser.

— Eh ! pourquoi, répliqua Raoul, conserver des espérances inutiles ? Tout est fini entre vous et le colonel. Il a eu des torts, peut-être, mais il ne peut plus y songer. Voilà déjà plusieurs années qu'il est époux d'une femme digne de sa tendresse. Prétendez-vous troubler la paix de sa maison ? La vengeance vous portera-t-elle à déchirer le cœur de celle qui lui a donné sa main ?

— A-t-il pu le faire, Raoul ? S'appartenait-il, ton maître, pour se donner librement ? N'est-ce pas avec le sang de ses veines qu'il signa la promesse de n'aller jamais à l'autel qu'avec moi ? L'ignores-tu, toi qui viens ici remuer le passé, qui, tout entier, se ranimerait pour accabler le perfide que tu secondes? Etais-je moins belle que ta nouvelle maîtresse ? avais-je moins de vertu ? le crime a-t-il jamais dénoué le voile blanc qui parait ma tête ? Où furent mes torts ? était-ce d'avoir rendu amour pour amour, de m'être abandonnée sans réserve à un sentiment que je croyais sincère ? Ai-je repris la promesse qu'à mon tour je signai de mon propre sang ? n'est-elle pas encore au pouvoir d'Edouard ? Est-il époux légitime selon les lois du ciel? Où sont mes torts? qu'il les rassemble ; il les chercherait en vain pour me les opposer, tandis que je puis le foudroyer en lui présentant la masse des siens. »

En parlant ainsi, la belle étrangère semblait ne point appartenir à la terre; ses formes hautes et sveltes tout à la fois, la vague incertitude qui éclatait dans son regard, les marques de l'indignation empreintes dans ses traits, et qui donnaient à sa bouche une expression terrible, pouvaient la faire prendre pour une de ces intelligences redoutables, intermédiaires entre l'homme et la divinité, et que celle-ci investit quelquefois d'une portion de sa toute-puissance, pour le châtiment de la perversité humaine. Raoul ne pouvait soutenir la fixité d'un œil scrutateur, qui semblait poursuivre sa pensée dans les replis les plus profonds de son âme. Il convenait intérieurement des torts de son maître ; mais, selon lui, ces torts étaient irréparables. Les ans paraissaient les avoir sanctionnés, l'hymen du colonel était indissoluble ; et Alinska, malgré la justice de ses droits, devait renoncer à prétendre qu'ils fussent reconnus. Aussi essaya-t-il à le lui faire comprendre dans sa réponse.

L'étrangère l'écouta avec un dédaigneux sourire, mais sans l'interrompre, sans marquer ni surprise, ni mécontentement. Il se flattait déjà peut-être de l'avoir convaincue de l'inutilité de sa démarche ; il allait essayer d'achever de la persuader, lorsqu'elle l'arrêta en posant la main droite sur son épaule. Ce geste, fait avec une sorte de négligence, produisit néanmoins sur lui un effet surprenant. Il ressentit, à l'endroit où Alinska l'avait frappé, une commotion extraordinaire ; il lui sembla passer rapidement du milieu d'une fournaise ardente, dans un océan de glace ; mais ce sentiment disparut aussitôt que la main qui l'enfantait se fût retirée.

« Et sa promesse, dit Alinska tranquillement, sans répondre aux argumens qui venaient de lui être débités, la lui ai-je rendue ? Pourrait-il me la représenter encore ?

— Qu'importe qu'il la possède ou non ? ce n'est plus elle qui peut maintenant régler sa destinée ; qu'elle soit en ses mains ou dans la vôtre, à quoi pourrait-elle servir ? Les tribunaux n'y auraient aucun égard.

— Il se peut, Français léger, que les lois humaines ne sévissent point dans ton pays contre ce genre de parjure, mais il est hors de ce monde des juges incorruptibles ; ceux-là l'ont reçue, elle fut enregistrée sur leur table d'airain éternel ; c'est à eux que je me suis adressée pour avoir justice, et je crois pouvoir l'attendre de leur équité.

— Ma foi, Alinska, reprit Raoul, qui, peu occupé des choses vénérables de la religion, ne voyait dans la vie que l'heure présente, vous attendrez long-temps pour voir exécuter ce jugement. Croyez-moi, allez vous reposer dans votre pays, auprès de votre famille. Soyez persuadée que le colonel, en échange de cette promesse, qu'il vous demandera, n'hésitera pas à vous donner tout ce qui pourrait vous aider à passer une paisible existence._

— Cela n'est plus en son pouvoir, dit l'étrangère d'un ton plus solennel, je n'ai plus de parens; la terre entière est ma nouvelle patrie : c'est à son sein que j'ai confié la promesse d'Edouard. Et quant aux avantages que tu me proposes au nom de celui-ci, je n'en ai point besoin; l'or est à mes yeux une simple variété de la boue; j'en dispose d'une portion considérable; et si tu veux t'engager à ne point mander à ton maître que je suis ici, je te promets, à mon tour, de dépasser les vœux que tu peux adresser à la fortune. Tiens, poursuivit-elle, en tirant de sa ceinture une bourse extrêmement garnie, prends ceci, en avance de ce que tu auras par la suite. »

Les paroles bizarres d'Alinska achevèrent de confondre le soldat. Il savait que la Hongroise, simple fille de villageois, n'était point riche, et maintenant elle lui donnait la preuve d'une extrême opulence. Cela n'était pas fait pour le rassurer; mais du moins, à son tour, elle ne pouvait se flatter de le séduire. La main de Raoul ne s'achemina pas vers celle d'Alinska; il ne porta pas un regard de convoitise sur le riche présent qu'elle lui présentait.

« Et moi aussi, Alinska, lui répondit-il, je suis au-dessus de mes besoins. Grand merci de votre offre généreuse; elle ne pourrait me tenter, si j'avais la pensée de mander au colonel que je vous ai vue.

— Tu l'as, menteur, cette pensée, lui répliqua-t-elle vivement; tu as déjà cherché à la mettre à exécution. »

Cette attaque directe, l'injure qu'on lui adressait, et qu'un être du sexe différent eût payé de son sang, jeta Raoul dans une perplexité inconcevable. Il hésita s'il devait laisser éclater sa colère, ou chercher à dissimuler ; mais la force du caractère l'emportant, il s'écria avec dépit :

« Rendez grâce à votre vêtement, qui vous met à l'abri de ma vengeance. Et quel titre méritez-vous, femme imprudente, qui ne craignez pas de vous introduire furtivement dans la maison d'autrui pour y surprendre les actions de ceux qui les habitent? vous rôdez de bonne heure, à ce qu'il me paraît, mais soyez certaine qu'il se passera long-temps avant que de nouveau, à mon insu, vous puissiez pénétrer dans le château de R***. »

Un nouveau sourire, dont la signification était inexplicable, fut la seule réponse directe d'Alinska : elle parut dédaigner l'attaque du militaire. Mais prenant tout à coup un air de dignité, qui contrastait avec la simplicité de ses manières et de son vêtement :

« Raoul, rappelle-toi, lui dit-elle, que tu as pris une part active à mes malheurs. Maintenant qu'ils sont comblés, ne va pas, en aveugle, te jeter dans une route qui peut te conduire à ta perte. Crois-moi, reste neutre au milieu de la lutte qui peut s'élever : c'est le seul moyen de te dérober aux coups de la tempête prochaine. »

Elle achève; un feu extraordinaire enflamme ses yeux; elle fait un geste dont la signification est terrible, et d'un pas précipité elle s'éloigne, en suivant un sentier qui la dérobe bientôt aux regards, sans écouter la voix des jeunes enfans qui, lassés de leurs jouets, se rapprochaient alors pour causer avec elle. Raoul, confondu de la scène qui venait de se passer, tout entier aux malheurs qu'il prévoyait dans l'avenir, demeura long-temps immobile, à la même place. Eugène enfin le tira de sa rêverie :

« Entends-tu, Raoul, lui dit-il, le tonnerre qui roule dans ce nuage épais? tiens, vois combien ces éclairs sont beaux ; certainement il va faire un orage.

— Un orage ! s'écria Raoul ; sa prédiction serait-elle déjà prête à s'accomplir ? » En prononçant ces mots, il regarda le ciel, et vit du côté de l'ouest, au-dessus de la Garonne, une masse énorme de vapeurs d'où s'échappaient de temps à autre de livides éclairs, tandis que le roulement de la foudre était répété à l'entour par les échos. La prudence ne permettait point de prolonger la promenade; il prit ses jeunes amis par la main, et choisissant le sentier le plus rapide, mais en même temps le plus direct, il revint en droiture au château, qu'il atteignit avant que la pluie commençât à tomber.

## CHAPITRE V.

Madame Delmont, qui des fenêtres du salon de compagnie avait vu depuis long-temps commencer l'orage, concevait déjà d'assez vives craintes sur la prolongation de la promenade de ses enfans. Elle n'avait pu commander à son impatience; et sortant du château, elle se dirigea du côté des bois, afin de les rencontrer plus tôt. Elle n'eut pas une longue route à faire; elle entendit bientôt les éclats de rire de la pétulante Juliette, et elle vit accourir à elle ces chères créatures, qui de nouveau l'entretinrent de la jolie dame, et des présens qu'elle leur avait faits : le mail, les boules, la poupée richement vêtue, tout fut montré avec empressement. Madame Delmont était mère, et par suite elle jugeait déjà favorablement celle qui aimait des êtres si précieux à sa tendresse. Elle s'enquêta de ce que l'étrangère avait dit.

« Oh! pour cette fois, répondit la petite fille, elle ne nous a pas parlé long-temps; elle n'a cessé de causer avec Raoul, et il me paraît qu'elle est partie bien en colère contre lui. »

Cette révélation inopportune renversa tous les projets que le Sergent-major avait formés. Il envisagea promptement les périls d'une dénégation, à laquelle peut-être madame Delmont n'ajouterait plus foi. En conséquence, il prit son parti, et malgré un vif regret de s'enfoncer dans les routes du mensonge, il n'attendit pas d'être interrogé ; et dès qu'un geste d'Hélène eut écarté les enfans :

« J'avais bien raison, madame, dit-il, de me méfier de cette inconnue. Croyez qu'elle n'est pas à R*** sans quelque projet dangereux. Elle m'a, durant une heure entière, tenu comme sur la sellette ; ne cessant de m'interroger sur votre famille, sur tous nos voisins. Elle voulait tout savoir; connaître l'âge, le rang, les occupations de chacun. Elle ne se lassait jamais, et son investigation était réellement fatigante. J'ai tâché d'abord d'éluder avec politesse des questions indiscrètes ; elle ne s'est pas tenue pour battue, elle est revenue à la charge. Une question n'attendait pas l'autre, c'était comme un feu de file ; cela n'a pas tardé à me lasser. J'ai ramassé mon peloton, et par une vigoureuse charge, je l'ai complétement mise en déroute. Ma résistance l'a choquée, et elle a effectué sa retraite d'assez mauvaise humeur. »

Ce discours, entremêlé de termes militaires, fit sourire madame Delmont. Les interrogations de l'étrangère ne lui paraissaient pas autant coupables que Raoul les présentait. Il lui semblait assez naturel que, voulant vivre dans le pays, elle cherchât à connaître les familles qui l'habitaient.

« J'espère, dit-elle, mon cher Raoul, que vos réponses n'ont point été désagréables. Il faut du respect pour les dames, et un militaire, surtout, ne doit leur parler que d'une manière convenable.

— Bon cela pour nos officiers, répliqua Raoul ; mais pour nous, comme nous ne jouissons pas de leurs priviléges, nous ne jugeons pas à propos de les imiter dans leur galanterie. »

Après ces mots, dits d'un ton brusque employé à dessein, il prit congé de sa maîtresse, qui ne fut pas fâchée également de terminer une conversation dont le but était manqué : elle revint auprès de ses enfans, tandis qu'un vent violent s'élevait, et que de larges gouttes d'eau commençaient à tomber. Madame Delmont ne craignait pas le bruit du tonnerre, non plus que ses enfans, mais Germaine et Jeannette en avaient une grande frayeur. Elles vinrent auprès de leur maîtresse, comme pour chercher un refuge qu'elle ne leur refusa pas. Raoul, libre pendant ce temps, passa dans sa chambre; et certain de n'être pas dérangé, il se mit de nouveau à écrire à son colonel, malgré un trouble involontaire qui s'élevait parfois dans son cœur.

L'orage cependant augmentait de violence, les vents se combattaient avec force dans les vastes plaines de l'air; ils semblaient dans leur furie ébranler les solides fondemens du château; et au fracas de la foudre, au sifflement aigu de l'ouragan, Raoul de temps à autre entendait se mêler comme des voix plaintives; il ouïssait des accens qui lui semblaient formés par une voix bien connue à son oreille. A plusieurs reprises il s'arrêta involontairement; mais bientôt, honteux de sa faiblesse, il reprenait le fil de ses idées, et à l'heure du souper sa lettre se trouva terminée.

Ne voulant point courir la chance de la laisser exposée aux tentatives d'Alinska, se défiant d'une des deux femmes au service de madame Delmont, il renferma sa lettre dans une cassette, qu'il posa au fond de son armoire; et, prenant les clés de l'une et l'autre, il sortit plus tranquille de sa chambre, bien convaincu que son dépôt était en sûreté. L'orage grondait toujours; il était d'autant plus furieux, qu'il tombait peu de pluie. Germaine et Jeannette étaient encore engourdies par leur effroi ; les enfans, lassés d'attendre le repas du soir, dormaient sur un canapé, et Hélène lisait le voyage de l'abbé Richard en Italie. La venue de Raoul ranima les deux domestiques ; elles se déterminèrent à se retirer chacune à leur poste, et le souper, retardé, fut enfin servi.

Vers minuit le ciel s'épura, les nuages s'amoncelèrent sur les côteaux du Lauraguais, et par degré le calme revint dans la nature. Raoul avait vu avec quelque plaisir le dérangement du temps ; il savait que, lorsque la terre se trouvait humectée, la promenade était interdite durant plusieurs jours ; il espérait, dans cet intervalle, qu'il surviendrait tel événement qui romprait la liaison nouvellement formée entre les enfans de son maître et la hongroise Alinska : il se flattait même que peut-être une réponse du colonel donnerait une autre direction à la vie commune de la famille.

Occupé de ces idées, qui le tourmentaient, le brave militaire dormit peu. Le jour nouveau ne brillait pas encore, que déjà il était debout; et cherchant ses clés, il ouvrit l'armoire et la cassette, afin d'en tirer la lettre qu'il voulait envoyer sans retard à Toulouse. Il la trouva au tact, mais sans la voir, l'obscurité régnant encore; il la plaça dans la poche de sa redingote, et il descendit l'escalier du château pour appeler le paysan dont il voulait faire son messager.

Avant qu'il le rencontrât, quelques instans s'écoulèrent; l'aube blanchâtre s'évanouit pour faire place à l'aurore, plus vermeille; de vives clartés illuminèrent l'étendue, et la nature, rafraîchie par la tempête de la veille, se montra brillante de sa parure radieuse et variée. Ce fut en ce moment que le journalier Mathieu parut devant Raoul : celui-ci lui enjoignit de se mettre sur-le-champ en route pour la ville, afin d'aller jeter à la poste une lettre qui pressait. En lui donnant cet ordre, il sortit la missive de l'asile qu'il lui avait procuré ; il la regarde, selon son usage, pour en examiner le cachet ; et, ô surprise sans pareille ! le papier est couvert de larges gouttes de sang, qui permettent à peine de pouvoir lire l'adresse !!!...

Cette bizarre circonstance arracha

un cri au militaire déconcerté; il pouvait à peine croire le rapport de ses yeux; il demeurait immobile, tournant et retournant la lettre, sans pouvoir parvenir à s'accoutumer à un incident si étrange. Il mit au jour précipitamment la poche de son vêtement; rien ne la souillait, aucune trace sanglante ne s'y faisait remarquer. Alors, prenant son parti, il revint au château, et, rentré dans sa chambre, il visita le coffre qui avait gardé l'écrit : mais lui aussi ne conservait aucune marque de la souillure dont l'existence épouvantait le courageux Raoul. Cependant, sans perdre de temps, il se hâta une troisième fois de recommencer la lettre; il l'abrége, mais il la rend plus expressive, et dès qu'elle est terminée, il la donne au messager; et, pour plus grande sûreté, il prend le parti de l'accompagner jusqu'aux limites de la commune de Castanet.

Raoul était brave, mais il ne pouvait se défendre d'une certaine crainte superstitieuse. Il se rappelait avec inquiétude les récits, exagérés sans doute, qu'il avait entendu faire dans la Hongrie, lorsqu'il y demeurait, en la compagnie de son régiment, sur la puissance étendue des hommes pervers qui, au détriment de leur âme, ont fait un pacte avec l'ennemi perpétuel de notre salut. Il se ressouvenait, avec une terreur superstitieuse, de tout ce qu'on lui avait conté sur ce point, et les deux incidens dont il venait d'être le témoin le portaient à redouter qu'Alinska n'eût une part de la baguette magique, qu'on assurait avoir été partagée entre plusieurs de ses compatriotes.

Mais ces pensées ne tardaient pas à sortir de l'âme du soldat. « Allons, que je suis sot, se disait-il, de croire à ces balivernes. En Hongrie, passe, ce sont des barbares; mais en France le diable a perdu ses droits, ou bien il a remis son adresse aux prestidigitateurs, comme les appelle le colonel : ceux-là travaillent pour lui, et peut-être mademoiselle Alinska n'est-elle qu'une habile escamoteuse.

Qu'elle y prenne garde pourtant; si je la surprends à travailler la muscade, elle pourra mal passer son temps. »

Il acheva, et une visite qu'il rendit à une bouteille de vieux rhum, placée dans un coin de sa cheminée, acheva de rassurer ses esprits. Il se promit de redoubler de vigilance, pour parvenir à découvrir par quelles intelligences la Hongroise pouvait agir dans le château; et, tout en espérant une prompte réponse du colonel, il se rendit à ses travaux ordinaires.

La profonde solitude dans laquelle vivait la famille Delmont, n'était point tellement entière, que de temps

à autre elle ne fût interrompue par
quelques visites que venaient faire au
château les voisins habitant les ma-
noirs des environs. Ils étaient toujours reçus avec une égale politesse :
Hélène même les voyait avec plaisir,
surtout depuis l'absence de son époux.
Elle avait alors besoin d'une plus forte
dose de distractions, et elle la trouvait dans ses rapports avec les étrangers. Ce ne fut donc pas avec surprise
que ce même jour, vers deux heures
après midi, elle vit entrer dans le salon un gentilhomme de la contrée,
ancien maître des eaux et forêts, qui
avait émigré pour faire comme les
autres, mais qui, à dix lieues de la
frontière, trouvant qu'il en avait fait

assez pour la gloire et pour l'honneur, était rentré en toute hâte pour retrouver dans la France ses aises qu'il aimait beaucoup, et que l'Allemagne ne lui offrait pas. Grâce à sa docilité à se ployer à toutes les volontés des gouvernemens, il avait passé vingt années de révolution dans une tranquillité presque parfaite. Il devait, il est vrai, avoir porté le bonnet rouge avec les jacobins, applaudi aux attentats du 18 fructidor, approuvé la journée du 18 brumaire, donné son vote pour le consulat à vie, comme pour l'élévation à l'empire de Napoléon Bonaparte ; il s'était réuni aux alliés le 16 avril 1814 ; avait signé, en griffonnant de son mieux et sans paraphe, le célèbre acte additionnel, et porté l'héroïsme jusqu'à faire sa malle pour l'envoyer à Gand, lorsque la nouvelle du désastre de Waterloo fut parvenue à son oreille.

Malgré ces oscillations, le bon gentilhomme ne parlait pas moins de son dévouement à la dynastie de ses rois légitimes, de sa haine pour la charte, de la pureté de ses chevaleresques affections; et si quelque esprit chagrin lui rappelait le fatal bonnet dont il s'était affublé, il prétendait fièrement qu'ayant eu soin de choisir la couleur de puce en couche, on ne pouvait raisonnablement prétendre qu'il eût pris la livrée des jacobins.

Ce personnage, au fond le meilleur homme du monde, habitait une belle maison dans la commune de Mervilla. Il passait sa vie dans les champs, qu'il labourait avec sa canne; il était à lui-même son garde champêtre, et se montrait l'ennemi né des oiseaux du ciel, qu'il poursuivait à coups de pierre avec une véhémence rare. Il avait dîné une fois, à Toulouse, chez le préfet, et dès ce moment il s'était mis en complète opposition avec son maire; il était le désespoir de celui-ci, qu'il fatiguait sans relâche de plaintes hors de saison, de dénonciations sans motif. Il voulait que ses propriétés fussent sacrées; et sous l'empire du Code civil, on le voyait sans trêve réclamant l'exécution des lois de la féodalité. Du reste, grand visiteur, mangeur intrépide, buveur à toute épreuve, il ne refusait ni une visite au château, ni un compérage à la ferme modeste. Il lisait l'*Écho du midi*, sans refuser de jeter un coup d'œil sur *le Constitutionnel*, lorsqu'il en rencontrait une feuille chez quelque chapeau noir des environs.

M. Berneval, complimenteur fatigant, épuisa, dès son entrée chez madame Delmont, tout ce qu'il appelait le protocole de la vieille cour. Il vanta, en outre, les agrémens du château de R***, la pureté du ciel, la fertilité du sol. Il glissa un mot sur la négligence des magistrats locaux, qui ne multipliaient point les procès-verbaux : sur la perte que lui occasionaient les pies malfaisantes; et après ces sujets importans épuisés :

« Eh bien ! madame, poursuivit-il, vous avez donc une aimable voisine; aimable, dis-je, je ne sais trop pourquoi, car elle m'a traité avec une rigueur désespérante. Instruit, mardi dernier seulement, de la présence en ce canton d'une belle étrangère dont la voix publique vantait les charmes, je crus devoir, en chevalier français, et pour lui donner une haute idée de *nos messieurs*, lui faire une prompte visite, qui pût lui prouver mon vif empressement de vivre avec elle. Hier donc, négligeant une expertise que je fais faire pour déterminer la quantité de prunes que les sangliers domestiques d'un de mes voisins ont mangées dans mon enclos, à mon détriment; je me dirige vers la maison des bois, mon parapluie sous le bras, parce qu'il ne faut se fier ni au temps ni aux hommes. J'arrive; la porte était fermée; cela ne me surprend pas, il convient d'être maître chez soi : je frappe légèrement; on ouvre. J'allais entrer, lorsqu'un vrai fantôme se présente et me barre le passage. Figurez-vous le plus haut des humains, et assurément le plus maigre; un visage de trapiste, des yeux de hibou, un air plutôt d'un habitant de l'autre monde que d'un citoyen de celui-ci;

la parole dure, le geste roide, l'haleine empoisonnée.

« — Que voulez-vous? me demanda-t-il, sans dire monsieur, selon l'usage. »

Cette brusque question me surprend un peu. Néanmoins, comme un soldat noble de l'armée de Condé ne se déferre pas aisément :

« Je suis, lui dis-je, un gentilhomme du voisinage qui s'empresse de venir présenter ses respects à votre maîtresse, et qui demande l'honneur d'être introduit auprès d'elle. »

Cette réponse polie me donnait quelque droit de croire que j'allais être admis sur-le-champ : mon erreur était bien grande, ainsi que vous allez le savoir. Ce cerbère nouveau, sans avoir égard à mes manières, qui, j'ose le présumer, rappellent quelquefois la vieille cour :

« Je ne puis, me dit-il, vous introduire; ma maîtresse, constamment occupée, n'a aucun moment à donner à la société. Elle n'est pas venue ici pour chercher le monde, et ce serait sans résultat que vous vous présenteriez chez elle une seconde fois. »

Il dit, le grossier personnage, et sans attendre ma réplique, recule d'un pas, et met entre lui et moi la barrière de la porte, qu'il ferme avec fracas. Je vous peindrais mal mon dépit; je me suis retiré, indigné contre de pareilles formes, et je compte passer chez tous mes voisins, pour les prévenir du sort qui les attend, s'ils veulent remplir les devoirs exigés par la convenance. »

Ce récit amusa madame Delmont, qui se promit intérieurement de ne point s'exposer à une réception pareille, quel que fût d'ailleurs son désir de connaître la mystérieuse étrangère. Elle se flatta d'être assez heureuse pour la rencontrer dans une des promenades qu'elle ferait avec ses enfans, et, en attendant, elle se récria sur l'incivilité du domestique, ajoutant avec grâce que très-certainement M. de Berneval lui était inconnu; car elle ne pouvait penser que, s'il eût su à qui il avait l'honneur de parler, il eût été d'une rusticité pareille.

Le compliment consola presque l'ancien maître des eaux et forêts de sa mésaventure. Il se hâta, pour l'oublier, de parler des nouvelles politiques de l'époque, qui était assez importante pour occuper à juste droit l'attention de tous les Français. Madame Delmont savait que sur ce chapitre il suffisait de le laisser dire, et qu'il sortait enchanté des maisons où on l'avait écouté sans distraction. Aussi il s'en donna, le bonhomme! il devinait tout; les secrets des cours lui étaient dévoilés; il dirigea la marche des affaires, et prédit un prochain changement de ministère; chose qu'en France on peut pronostiquer à toute heure, sans être pour cela taxé de se livrer à l'étude de la sorcellerie.

Ce vaste chapitre épuisé, il passa aux nouvelles locales; rapporta le taux des mercuriales du dernier marché de Toulouse; déclara que si l'on ne lui donnait pas prochainement un curé, il allait quitter la commune; se plaignit de l'insolence des braconniers, et glissa un mot d'un défonçage de champ dont il attendait les plus heureux résultats. Ces matières très-importantes furent écoutées avec une apparence d'intérêt qui le charma. Il quitta madame Delmont, enchanté d'elle, surtout lorsqu'il la comparait à la sauvage étrangère; et en sortant du château, il fut chez un vicomte voisin faire son éloge.

« C'est bien, lui répliqua-t-on, mais de quelle famille sort-elle? Ce sont, mon cher, elle et son époux, des gens de la révolution; ils n'ont point monté dans les carrosses du Roi, et par conséquent ne peuvent être que d'honnêtes bourgeois; ce qui n'est pas grand'chose. »

## CHAPITRE VI.

Le dimanche arriva enfin, si vivement attendu par tous les individus de la contrée, qui espéraient contenter à l'église leur curiosité au sujet de la belle étrangère. Madame Delmont, très-exacte à remplir ses devoirs de chrétienne, n'eut garde d'y manquer en cette circonstance; elle fut des premières prendre sa place dans le lieu saint, afin d'assister à l'entrée de celle qu'elle souhaitait de voir. Le temps s'écoulait, et elle ne parut pas.

La procession eut lieu, la messe fut chantée en grande pompe, et nul habitant de la maison isolée n'y assista. Ceci causa une surprise extrême. Les conjectures les plus bizarres furent remises sur le tapis; et parmi les commères de la commune, il fut décidé, ou que la dame était malade, ou qu'elle était huguenote : dès lors un sentiment de malveillance s'éleva contre elle; on lui en voulait presque du refus qu'elle semblait faire de venir se livrer à d'avides regards.

Raoul seul était content de cette circonstance. La ténacité de la boue avait interrompu les courses des enfans du colonel, ils ne s'écartaient plus du château, et par degrés ils perdaient le souvenir de leur belle amie.

Mais si leur jeune âge l'effaçait aussi promptement de leur mémoire, elle n'était pas ainsi oubliée par madame Delmont. Celle-ci voulait absolument la voir, et elle attendait avec impatience le moment où la terre, raffermie, permettrait de recommencer la course accoutumée. Le mardi suivant, son souhait se trouva accompli : la chaleur du soleil avait séché l'humidité, la journée était belle. Raoul, occupé des apprêts de la vendange, s'était rendu à Aureville, afin de conférer avec un tonnelier. Hélène profita de la circonstance pour sortir avec Eugène et Juliette, et ce fut vers la petite prairie du vallon qu'elle dirigea leurs pas.

Un sentiment particulier dont la cause lui était inconnue, lui faisait éprouver une singulière oppression ; son cœur semblait comme accablé sous un poids énorme ; elle avait de la peine à respirer, et un malaise général parcourait tout son corps. En même temps son esprit, par une suite de l'affaissement physique, avait moins de vivacité ; il se livrait à une mélancolique rêverie que vainement elle voulait bannir ; la gaîté bruyante de ses enfans n'appelait point la sienne ; et par deux fois, elle sentit rouler dans ses yeux une larme qu'aucune peine réelle n'y avait pourtant amenée.

Ce fut dans cette situation qu'elle descendit lentement la colline, attribuant le trouble de son âme et de ses sens, à cette vague inquiétude qui nous agite toujours lorsque nous cherchons à démêler ce que nous ne connaissons pas, lorsque nos idées se perdent dans un vague toujours dangereux pour notre raison.

Parvenue dans la prairie, madame Delmont, évitant de jeter çà et là un regard curieux, s'assied au pied d'un peuplier d'Italie contre lequel Raoul s'était naguère appuyé; un siége naturel formé par la pelouse qui se relevait brusquement en cet endroit, invitait à se reposer. Hélène sortant de son sac un ouvrage de broderie, se mit à travailler, tandis qu'elle donna aux deux Bambins le signal de liberté qui les autorisait à commencer leurs jeux. Ils ne tardèrent pas à reprendre leurs gais exercices. Ceux-ci duraient déjà depuis un quart-d'heure, lorsqu'à peu de distance les sons légers et argentins d'une harpe se firent entendre.

Madame Delmont, surprise de ce nouvel incident, se hâta par un signe silencieux de rappeler ses enfans, avant qu'ils eussent pu donner quelque attention aux sons qui parvenaient jusqu'à eux. Elle leur imposa le plus scrupuleux repos, les fit même asseoir à côté d'elle, et écouta avidement les airs variés que jouait le musicien caché. Ce furent d'abord quelques préludes lents et presque monotones, ils passèrent insensiblement à des tons moins solennels; mais bientôt une ritournelle pleine d'expression et de véhémence leur succéda, et une voix douce, et néanmoins voilée, entonna le chant singulier que nous transcrivons ici :

## POINT D'ESPÉRANCE.

### ROMANCE (1). N.° I.

Eh quoi ! ce jour si radieux,
Ce frais vallon, cette onde pure,
Ne peuvent arrêter mes yeux ?
Mon cœur est seul dans la nature !
J'ai vu s'enfuir le vain bonheur
Que j'attendais de la constance ;

---

(1) Mise en musique par Mlle ADÈLE SENDRIER.

# POINT D'
### ROMA
ique de M<sup>ell</sup>

## POINT D'ESPÉRANCE.

ROMANCE.

Musique de M.lle A. SANDRIE.

N.º 1. Andantino. Amoroso.

Eh! quoi, le jour si ra-di-eux, ô frais val-lons, vette on-de pu-re ne peuvent ar-rê-ter mes yeux; mon cœur est seul dans la na-tu-----re, j'ai cru s'en-fuir le vain bon-----heur que j'at-ten-dais de la cons-tan-ce, et quand je perds dis cette er-----reur, je n'ai plus trou-vé l'espé-ran-----ce, je n'ai plus trou-vé l'espé-ran-----ce.

Et quand je perdis mon err...
Je n'ai plus trouvé l'espérance.

En vain je cherche le repos,
Il fuit ma paupière lassée;
Pour moi la nuit est sans pavots:
Le temps même m'a délaissée;
Rapide, il fuit... mais vainement
J'attends de lui quelque allégc
Il renouvelle mon tourment
Et ne me rend point l'espérance.

Dans l'humide abri du tombeau
J'ai voulu dormir toute entière,
Hélas! un châtiment nouveau
Vint me ravir à la poussière.
Je vis et je n'existe pas,
Un jour sans fin pour moi commence;
Je ne dois plus dans le trépas
Trouver la paix ou l'espérance.

Nous ne peindrions que d'une manière bien imparfaite les sensations qui agitèrent Hélène pendant tout le temps que dura cette romance. Elle l'écoutait avec un secret frémissement; elle ne pouvait douter que celle qui la chantait ne fût malheureuse, car l'Infortune, lorsqu'elle parle, a dans la voix des inflexions particulières qui ne sont pas les mêmes que celles dont se sert l'Enfant de la prospérité; quelque chose décèle constamment cette fille de la peine, et pour la deviner on n'a pas toujours besoin de la voir. Mais cette croyance, loin de refroidir madame Delmont, l'engagea plus vivement encore à parvenir auprès de l'étrangère. Un moyen s'offrit tout à coup à elle pour arriver à ce but : elle ne retint plus la vivacité d'Eugène et de Juliette, qui tous deux ayant reconnu la voix de leur amie, étaient impatiens de courir auprès d'elle : ils s'y rendirent promptement dès qu'il leur fut possible de le faire, et ils la rencontrèrent dans une clairière voisine, où elle était assise sur le tronc d'un vieil arbre nouvellement coupé. Elle tenait une petite harpe simplement décorée, dont elle jouait encore, quoique l'une de ses mains restait constamment gantée.

Elle parut charmée de revoir les enfans, et elle appela son domestique, placé à quelque distance d'elle. Il s'approcha pour recevoir l'instrument, qu'on lui remit ; et, ce soin rempli, la Hongroise demanda à sa favorite Juliette quel jeu elle voulait jouer. La petite fille, déjà pleine de malice, avait formé le projet d'amener l'étrangère vers sa mère; elle n'eut garde de lui dire que celle-ci était si près; elle se contenta de répondre qu'elle aimait à courir, et qu'elle était assurée que son amie ne pourrait l'atteindre, si elle voulait lui donner trois ou quatre pas d'avance.

Alinska accepta la proposition. Juliette fuit : elle est vivement poursuivie, mais elle dirige sa course vers le lieu où se trouvait madame Delmont, qui, de ce côté, était cachée par l'épaisseur de l'arbre et par un buisson d'églantier qui se trouvait à côté; la petite fille s'élance tout à coup dans les bras maternels, et la Hongroise, surprise, s'arrête au moment où elle allait la saisir, et demeure immobile à la place d'où elle a aperçu Hélène. Cette dernière, transportée du service que le hasard lui rendait, se leva précipitamment, et fit deux pas pour se rapprocher de l'étrangère, tandis que, d'un regard scrutateur, elle saisissait l'ensemble de sa personne.

Alinska était d'une riche taille : ses formes, en même temps gracieuses, n'avaient que l'embonpoint nécessaire à assurer leur beauté; la coupe de son visage traçait un ovale parfait; sa bouche était petite, son nez droit, ses yeux grands; au-dessus d'un front ouvert s'élevait une superbe chevelure, dont l'ébène luisait sous le réseau d'or qui retenait une multitude de boucles; quelques-unes, échappées, retombaient avec grâce sur les épaules. Enfin, Alinska était belle, et cependant ce n'était point ses charmes qui causaient la plus vive impression; il y avait dans tous ses traits quelque chose d'incompréhensible, des rapports indéfinissables, qu'on ne pouvait se lasser d'examiner sans jamais parvenir à se rendre compte à soi-même si c'était du plaisir qu'ils procuraient, ou une terreur bien extraordinaire. La blancheur de sa peau était extrême, de vives couleurs l'embellissaient : néanmoins, il y avait dans ce mélange des nuances terreuses, des tons verdâtres qui en détruisaient parfois toute l'harmonie. La fraîcheur de ses lèvres ne pouvait se comparer qu'à celle du premier bouton de rose qui naît sur les rives de l'Éridan, par une pure et chaleureuse matinée d'avril ; on eût voulu les admirer sans cesse, mais des mouvemens convulsifs, un sourire empreint d'une malice infernale, des contractions pénibles des muscles de la joue, donnaient à penser que l'âme de l'étrangère n'était point calme, et que, malgré ses efforts, elle ne pouvait dompter la violence de ses passions, ou l'amertume de ses souvenirs. Mais que pouvait-on dire de certain lorsqu'on s'occupait de ses yeux ?

De quelle expression se servir, pour expliquer l'odieux mélange d'une céleste douceur et d'une vivacité redoutable ? Tantôt les feux de la vie les embrasait ; tantôt, mornes et atones, ils demeuraient inanimés dans une effrayante stagnation : on ne pouvait, dans la même minute, les voir, sans reconnaître qu'ils passaient presque en même temps de l'activité de l'existence à l'inertie complète de la mort ; ils ne rappelaient rien de ce qui existe ; ils ne montraient point néanmoins le triomphe complet du trépas, mais un mélange sans pareil de ces deux choses réunies, un amalgame des contrastes les plus extrêmes, et tels, que celui qui les regardait ne pouvait jamais se flatter d'en rencontrer de semblables. Une robe blanche de laine, garnie de rubans noirs et taillée d'après une mode inconnue en France, un schall noir de cachemire, formaient sa parure; elle était simple, mais bien en harmonie avec celle qui la portait.

Madame Delmont, après un rapide examen de l'ensemble de la Hongroise, qui la laissa dans l'indécision que nous venons de décrire, et qu'elle ne voulut point prolonger plus longtemps, voyant que celle-ci ne songeait point à parler, et qu'elle ne quittait point sa place, crut convenable d'entamer la conversation par des remercîmens sur l'obligeance avec laquelle

elle voulait contribuer aux divertissemens de son fils et de sa fille.

En écoutant ces dernières paroles, le front pâle d'Alinska se colora légèrement, ses yeux bizarres lancèrent un éclair qui se réfléchit dans ceux de l'interlocutrice, et, à son tour elle lui parla.

« C'est donc madame Delmont, dit-elle, que j'ai l'honneur de voir ; elle me pardonnera si je ne me suis point présentée chez elle ; mais cherchant une complète solitude, ne venant dans ce pays que pour me livrer avec ardeur à l'exécution d'un projet dont l'importance peut seule me ravir à ma demeure dernière, je n'ai pas souhaité des distractions dont j'apprécierais tout le prix. Je ne suis ici que pour un temps; à peine si j'aurai celui de remplir mon devoir, mes heures sont comptées, et celles que je puis donner à mes plaisirs ne sont pas nombreuses.

— Je regrette, madame, répondit Hélène, de ne pouvoir jouir de votre société; elle me serait, je présume, agréable.

— Gardez-vous de le croire, s'écria la Hongroise, comme entraînée par un mouvement auquel elle ne commandait pas; ne souhaitez point ma présence : c'est le désespoir, les larmes, la mort, qu'elle traîne après soi. »

Un regard jeté par madame Delmont sur la robe de l'inconnue, lui donna le mot de cette espèce d'énigme. Elle ne douta point que le trépas n'eût enlevé quelques êtres chers à la dame, et que sa réponse n'eût été puisée dans les regrets qui devaient déchirer son cœur. Elle se hâta de lui répondre, « que ce n'était pas dans l'éloignement de toute société qu'on pouvait rencontrer l'adoucissement des peines, mais qu'il fallait dans le monde chercher les consolations dont on pouvait avoir besoin.

— Vous êtes dans l'erreur, répliqua l'étrangère, il est des époques dans la vie après lesquelles une main inflexible élève des barrières qu'on ne peut plus repousser, des termes où s'arrêtent toutes les courses humaines, et au delà desquels on ne rencontre plus qu'un sort définitivement arrêté. Je n'ai plus d'adoucissement à attendre, ma destinée désormais sera stable comme l'éternité dont elle est une partie. »

L'exaltation de ces phrases, peu communes dans la vie ordinaire, achevèrent d'affermir madame Delmont dans sa première idée. Elle demeura convaincue que de violens chagrins avaient troublé la vie de cette jeune femme, et peut-être même ébranlé sa raison. Elle en eut par suite plus de pitié, et voulant la gagner entièrement, elle avança sa main pour lui prendre la sienne, celle qui précisément était gantée. Alinska vit ce mouvement : elle recula d'un pas afin de le prévenir.

« Que faites-vous ? dit-elle plus impétueusement encore ; n'allez pas, faible mortelle, courir au devant du sort qui vous est préparé. Songez-vous qu'en me touchant vous feriez un pacte avec la matière, que vous vous engageriez avec la mort ? »

Madame Delmont, dès ce moment, ne douta plus de la maladie de l'étrangère ; elle essaya de la distraire en traitant un autre sujet.

« Si la compagnie des personnes raisonnables, lui dit-elle, vous déplaît en ce point, du moins ces enfans qui nous écoutent semblent avoir trouvé grâce devant vous.

— Ils auraient trouvé, dites-vous, grâce devant moi, répondit Alinska d'un son de voix caverneux ! quelle grâce ! je ne leur conseille pas de s'en vanter, c'est plutôt le répit que le bourreau accorde à la victime, durant le temps qu'il prépare les instrumens de supplice dont il doit la frapper. »

Ces paroles étaient tellement sinistres, que madame Delmont, frappée d'une crainte soudaine, fit un mouvement comme pour écarter les enfans. Alors un sourire plein d'innocence erra sur les lèvres d'Alinska, ses yeux s'adoucirent.

« Oh ! pardon, madame, dit-elle,

pardon de l'effroi que je vous ai causé; mais il est des momens où, tout entière au passé et à l'avenir, je n'appartiens plus au présent ; mes discours insensés échappent malgré mes efforts à ma bouche, qui ne peut les retenir, et mon cœur inanimé ne peut contenir sans révolte le seul sentiment qu'il lui soit possible de renfermer.

— Je respecterai, madame, la douleur qui vous consume, je me contenterai de former des vœux pour sa disparution ; et si la vue de mes enfans vous blesse, je leur interdirai l'approche des lieux où vous serez.

— Croyez-moi, gardez-les bien ces enfans dont vous êtes fière; la maladie cruelle, le poison destructeur; que sais-je? mille causes sinistres peuvent vous en séparer; veillez sur eux, sans les perdre de vue. Leur âge est si peu avancé, ils ont tant de fragilité dans leur existence, qu'ils peuvent vous coûter bientôt d'amères larmes. »

Elle dit, et de nouveau éclate dans ses yeux un égarement sans pareil; sa bouche, gracieuse, se contracte horriblement; ses traits se décolorent, et c'est moins une femme qu'un cadavre défiguré qu'Hélène peut contempler. Celle-ci eût bien voulu terminer cette scène pénible, mais un sentiment de compassion la commandait toujours; elle craignait, en s'éloignant, de laisser sans secours une personne dont la triste folie lui semblait complète.

« Ne souffrez-vous pas trop en ce moment, lui dit-elle, pour pouvoir continuer votre promenade ? Voulez-vous me permettre de vous ramener jusqu'au lieu que vous habitez ?

— Moi, souffrir ! sortez de cette erreur ; je ne sais pas ce que c'est que la souffrance, car je suis maintenant dans mon état habituel ; il doit vous paraître désagréable : je ne sais s'il me plaît ou s'il m'est odieux ; mais il vous afflige, cherchons à l'oublier. Voyons, quel sujet traiterons-nous ? Je n'étais pas née pour approfondir les hautes sciences ; mais à présent je me trouve à la source du savoir; j'ai tiré de devant mes yeux le rideau de l'ignorance humaine, je vous expliquerai ce que les hommes ne comprendraient pas. »

Ce propos annonçait une continuation d'hallucination fâcheuse à entendre. Hélène tâcha de nouveau à ramener les esprits de l'étrangère à de moins vagues idées; elle y parvint insensiblement. Alinska parut revenir à elle-même; elle causa bientôt avec simplicité sur des sujets communs. Hélène put croire qu'elle n'était pas dépourvue d'instruction, quoique néanmoins il y eut dans ses manières quelque chose de rude, de demi-sauvage, qui portait l'empreinte d'une éducation peu soignée; elle ne dit cependant rien qui donnât à connaître ce qu'elle était : on pouvait seulement soupçonner, par l'étrangeté de son accent, qu'elle n'était pas née en France, et que l'Allemagne était sa patrie. Madame Delmont conjectura que, victime d'un amour passionné et malheureux, elle avait perdu une partie de l'intelligence céleste qui constitue ce que nous appelons notre raison ; par suite, elle trouva naturel que le vieillard, à qui sans doute elle était confiée, la retînt dans la retraite, loin du commerce des hommes. Ainsi s'expliquait le mystère qui avait d'abord si vivement piqué la curiosité.

La conversation se tourna vers la musique. Madame Delmont, qui elle-même jouait avec succès de la harpe, essaya de donner à sa nouvelle connaissance des éloges que celle-ci méritait, quoiqu'elle les repoussât avec modestie ; mais dans cette pudique réserve il y avait même un sentiment indéfinissable d'indifférence, d'insouciance profonde. Elle parlait de son talent comme elle eût fait de celui d'un autre, rien ne l'étonnait, ou ne l'occupait ; il y avait en elle une absence totale d'intérêt pour tout ce qui charme, ou du moins occupe les hommes, qui faisait mal : ce n'était pas l'égoïsme ; c'était une froide légèreté, un dégoût si entier de toutes choses, que, sans le partager, on peinait de la manière dont il était étalé. Est-ce une femme ou une statue, se disait Hélène ? n'est-ce que pour la douleur qu'elle tient à l'humanité ? Enfin, le soleil, déclinant derrière les hauteurs de Vieille Toulouse, laissa les vallons plongés dans cette vaporeuse obscurité qui précède les ténèbres de la nuit. Les enfans, lassés de s'amuser sans qu'on prît part à leurs jeux, demandèrent les premiers à revenir au château.

« Oui, dit Alinska, l'heure de la retraite s'approche; tout ce qui est corporel va chercher le repos; l'espace bientôt ne tardera pas à être habité par des intelligences supérieures. Adieu, madame; je voudrais ne vous avoir jamais rencontrée;

notre entrevue m'inspirera long-temps de bien vifs regrets. »

Elle achève et se retire précipitamment, comme entraînée par une émotion profonde.

Madame Delmont, toujours bien disposée à juger de l'inconnue, se plut à voir dans ces paroles une marque de sa bienveillance; elle regretta de ne pouvoir l'engager à vivre un peu plus pour les autres, et, en la compagnie de ses enfans, elle reprit la route de sa demeure. Satisfaite désormais d'avoir vu librement l'étrangère, se flattant peut-être aussi d'être parvenue à deviner la cause de ses chagrins et le motif de sa retraite, elle dit légèrement à Raoul la rencontre qu'elle avait eue. Le serviteur fidèle, qui avait pris son parti sur ce qui devait se passer jusqu'à l'arrivée prochaine de la lettre qu'il attendait du colonel, ne montra aucune surprise en écoutant le récit de madame Delmont; il était désireux seulement de s'instruire si Alinska avait jeté du trouble dans l'âme de la première. Mais il ne put le savoir, et il dut conjecturer que la Hongroise avait été réservée, car aucun nuage n'affaiblit la sérénité du visage de sa maîtresse.

## CHAPITRE VII.

Le lendemain, les enfans parlèrent de revenir encore à la prairie; Raoul, désigné pour les y conduire, obéit à regret. Mais Alinska ne parut point, à son grand contentement; et le jour suivant, enfin, son absence se prolongea : ce jour devait être celui auquel la réponse d'Edouard devait être remise au Sergent-major. Il attendait, avec une bien grande impatience, le retour de l'exprès, qui ne se hâtait point de venir : déjà la nuit était obscure, lorsque cet homme frappa à la porte du château.

« Les lettres ! vite, les lettres ! lui demanda Raoul ; je croyais, mille bombes ! que tu ne les apporterais jamais.

— Les lettres ? répondit le commissionnaire ; vous vous trompez, monsieur Raoul ; il n'y en a qu'une ; la voilà, je désire que ce soit celle que vous souhaitez. »

Raoul la saisit avec empressement, et l'approchant de la lampe qu'il portait, il en examina l'adresse : elle était bien du colonel ; mais elle avait pour suscription le nom de madame Delmont. Un coup de poignard n'eût pas frappé Raoul aussi douloureusement que le fit l'absence de la lettre qu'il espérait; il ne savait plus ce qu'il devait faire. La négligence de son colonel à lui répondre lui paraissait inconcevable; il tournait, retournait dans sa main la missive qu'on lui avait remise; parfois il allait s'imaginer que son ancien chef s'était trompé en écrivant l'adresse, et que la lettre était pour lui. Cependant il n'osa pas s'en assurer; mais ce fut en frémissant qu'il la porta à sa maîtresse.

Madame Delmont, instruite de l'attachement du bon sous-officier pour son époux, avait la coutume de lui lire de longs fragmens des dépêches qu'elle recevait, lorsqu'elles ne renfermaient pas des détails personnels;

elle ne se départit pas de son usage en cette circonstance, et elle apprit à l'auditeur confondu, que le colonel se portait à merveille, mais qu'il ne pouvait marquer encore l'époque fixe de son retour. Les époux qu'il cherchait à réunir, étaient extrêmement irrités l'un contre l'autre; on ne pouvait se flatter de les ramener sans de grands ménagemens, et lui, Edouard, travaillait de toute son habileté à les rendre à leur tendresse première. Il terminait en priant sa femme de faire ses amitiés à Raoul, et de se plaindre à lui du silence qu'il gardait à son égard, quoiqu'il eût bien promis de lui écrire, et de lui donner des nouvelles de ce qui se passerait dans les champs.

Cette dernière partie de la lettre frappait trop directement au but, pour que le bon militaire pût se contenir.

« Par la moustache de Roland ! s'écria-t-il, voilà un reproche que je ne mérite guère. Est-ce ma faute si ce que je mande à mon colonel ne lui parvient pas ? Je lui ai pourtant donné tous les détails qu'il réclame, et cela, le même jour où madame a expédié la lettre à laquelle celle-ci sert de réponse. Ah ! monsieur mon messager, je vais régaler vos épaules comme vous le méritez. »

Madame Delmont, peinée de la colère qui éclatait dans les traits de Raoul, allait l'engager à se calmer, lorsque celui-ci, s'arrêtant tout à coup :

« Ah ! malheureux que je suis, si l'épître est perdue ce n'est pas la faute de ce pauvre diable : me méfiant de lui sans motifs, cependant je lui enjoignis de me rapporter un reçu du commis de la poste de Toulouse, qui veut bien se charger de retirer les paquets qu'on nous adresse, et il me l'a remis en bonne forme. Allons, allons, il y a là de quoi perdre la tête. »

Hélène, qui ne se doutait pas de l'importance que Raoul mettait, avec juste raison, à la perte de son épître, ne donna aucune suite à cet incident ; joyeuse qu'elle était de recevoir des nouvelles de son époux ; elle n'éprouvait d'autre inquiétude que celle de la prolongation forcée de l'absence du colonel. Elle revint dans son appartement, tandis que l'ex-militaire passa dans sa chambre. L'intention de celui-ci était de commencer une troisième lettre, de partir avant la pointe du jour, et d'être lui-même son messager vers la poste : car il allait, dans son dépit, jusqu'à soupçonner la probité du commis.

Déterminé à suivre cette voie, qui devait le rassurer, il ouvrit son armoire et sa cassette, afin de prendre le papier et l'encre dont il avait besoin, lorsque, à la clarté de sa lampe, qui jetait sur ce lieu une assez faible lueur, il aperçut un paquet dont il crut reconnaître la forme...; c'était sa lettre, telle qu'il l'avait écrite : quelques gouttes de sang la souillaient aussi, et une main incertaine ou tremblante avait écrit sur l'enveloppe :

*Ta correspondance est sans but; Édouard ne recevra jamais une ligne de toi, si tu l'entretiens de ce qui ne concerne pas les intérêts de sa ferme.*

Raoul, plus d'une fois s'était trouvé vis-à-vis des bouches à feu qui vomissent la mort de cent mille manières; souvent le sabre d'un hussard ennemi avait voltigé sur sa tête, et cependant, dans aucune rencontre, il n'avait éprouvé un effroi semblable à celui qui dans cet instant glaça son cœur. Il porta machinalement autour de lui un regard de terreur, comme s'il se fût attendu à voir s'élever devant ses yeux quelque forme hideuse; il passa, à diverses reprises, la main sur son front, pour essuyer les gouttes de sueur qui en ruisselaient; et néanmoins il demeurait immobile, ainsi qu'il l'eût fait par le charme d'une fascination. Plus il réfléchissait à ce qui se passait, plus il se perdait en de vaines conjectures. Il voulait parfois douter de l'évidence, se croire abusé par un rêve pénible; mais la lettre était là, telle qu'il l'avait remise à son messager, et il pouvait lire et relire le reçu du commis : celui-ci devait sans doute être le vrai coupable. Dans ce cas même, une nouvelle difficulté se présentait. Comment était-on parvenu à renvoyer aussi promptement la missive à R*** ? Qui pouvait posséder les triples clés de sa chambre, de son armoire, de sa cassette ? Où était le traître dans l'intérieur de la maison ? devait-on le trouver parmi les ouvriers, ou parmi les deux femmes de service ? Raoul se perdait dans le chaos des réflexions ; il voyait à tout des difficultés insolubles ; et cependant il y avait, à travers tout cela, une réalité incontestable, qui dérangeait tous les calculs de la prudence humaine. Plus que jamais, lui, qui à peine croyait à une autre vie ( tel était le malheur de son éducation), était presque forcé d'admettre l'existence de ces êtres intermédiaires entre la créature et le Créateur. Dans ses momens de faiblesse, il revenait à maudire et à redouter la puissance des magiciens de la Hongrie, dont il avait tant entendu parler durant son séjour dans ce royaume. Il n'y avait pas, jusqu'aux terribles Vampires, qui ne vinssent effrayer son esprit : ces larves de la chrétienté, qui, suivant les récits d'une nation tout entière, abandonnent le tombeau dont les morts ne doivent plus sortir, pour errer sur la terre dont ils sont la souillure et l'horreur; qui, dans l'ombre des nuits, vont chercher dans les veines d'un malheureux, dont ils sucent le sang, le fondement d'une affreuse existence qui n'est point entièrement la vie, et qui néanmoins s'éloigne du trépas. Mais, plus souvent, Raoul rejetait ces superstitions, ces erreurs grossières; il revenait à des soupçons plus naturels, plus plausibles. C'était l'intrigue, la trahison qu'il redoutait; et il se promit de veiller avec assez d'attention pour surprendre celui ou celle qui devait prêter son assistance à la hongroise Alinska.

Cependant, avant que de commencer ce genre de guerre, peu en harmonie avec son caractère franc et ouvert, il forma le dessein de revoir la principale ennemie dont il devait combattre les troupes légères. Il se promit, dès le lendemain matin, de descendre à la maison des bois ; et cette idée lui laissa à peine quelques heures de repos durant le calme de la nuit. Il se leva, toujours plus convaincu de la nécessité de son entrevue avec l'étrangère ; et lorsqu'il crut pouvoir être admis chez elle, il prit le chemin du manoir qu'elle habitait. Quand il y arriva, la porte était fermée. Il heurta, et l'on ne répondit point ; il frappa une seconde fois avec plus de force, et le silence de l'intérieur ne fut pas rompu. Plus il attendait, plus son impatience faisait de progrès ; il se remit à agiter le marteau une troisième fois, sans obtenir plus de succès. Que devait-il faire ? la maison était-elle abandonnée ? ou bien ne voulait-on pas lui ouvrir ? Fallait-il abandonner le siége, ou le continuer avec plus de vivacité le lendemain ?

Tandis qu'il hésitait sur le parti à prendre, il entendit non loin de lui un bruit assez léger ; il se retourna promptement, et se trouva face à face avec le vieux serviteur d'Alinska. Ce dernier personnage était d'une taille colossale ; depuis long-temps son crâne, dépouillé de ses cheveux, était exposé aux intempéries de l'air ; une effroyable pâleur régnait sur sa figure hâve ; ses yeux, lumière à demi-éteinte, se montraient immobiles, et ne roulaient point sous leurs paupières glacées ; le son de sa voix était à la fois traînant et rauque, et une haleine empestée s'échappait de sa bouche, dans laquelle on apercevait à peine quelques dents. Une redingote de drap grossier couvrait ce gigantesque personnage : tout en lui annonçait la lassitude d'une existence trop prolongée, et le mépris de tout ce qui peut plaire au commun des hommes.

« Holà ! l'ami, lui dit Raoul en le voyant, sans être effrayé par son extérieur désagréable : est-ce que votre maîtresse a déjà pris sa volée ? et court-elle les champs pour dénicher les jeunes oiseaux ?

— L'ami, répondit le domestique, qui vous donne le droit de me faire une question pareille ? Nous connaissons-nous assez pour nous parler avec tant de familiarité ? »

Le ton mis à cette réplique n'était pas engageant. Raoul, malgré sa confiance en lui-même, en fut quelque peu interloqué. Néanmoins, ne voulant point paraître vaincu dès le commencement des hostilités, il prit à son tour la parole :

« Allons, vieux père, ne vous fâchez pas; je viens pour parler à votre maîtresse; je frappe comme un sourd, on ne me donne pas signe de vie ; vous arrivez sur mes derrières à pas de loup, je vous interroge : il n'y a là, ce me semble, rien que de naturel, et vous ne devez pas vous gendarmer comme vous le faites. Ne seriez-vous point, par hasard, de ces personnages qui trouvent plus facile de se fâcher que de répondre juste ? Votre querelle intempestive me le ferait soupçonner.

— Si vous me connaissiez, l'*ami*, répliqua le vieillard en appuyant sur ce dernier mot, vous verriez sans peine qu'il ne peut y avoir rien de commun entre vous et moi. Vous suivez votre chemin, et le mien est terminé depuis long-temps. Ce n'est point que je souffrisse pour cela l'injure ou la menace; mais j'espère que nous n'en viendrons point là, car vous aurez bientôt fini avec moi. Que voulez-vous à ma maîtresse, puisque maîtresse il y a ? Je puis auprès d'elle faire votre commission, tout aussi bien que vous la feriez vous-même.

— Non pas, s'il vous plaît, l'*ami*, répondit Raoul, très-piqué de la manière leste avec laquelle le traitait un individu qu'il ne croyait pas d'une condition supérieure à la sienne; mon affaire avec Alinska ne peut avoir d'intermédiaire. Il est probable néanmoins que vous en savez une partie, que peut-être même vous avez pris votre part dans le tour de passe-passe qui m'amène ici ; mais il ne me plaît pas de vous mettre à mon tour dans ma confidence. Je ne veux causer qu'avec la Hongroise, entendez-vous?

— J'entends ; mais cela ne me portera pas à vous servir davantage, selon que vous le voulez. La Hongroise, comme il vous plaît de l'appeler, n'a rien à démêler avec vous. Ainsi, prenez votre parti ; et, comme vous m'avez la mine d'avoir été militaire, faites ce que vous appelez un demi-tour à droite, et passez votre chemin.

— Savez-vous, mon vieux, que, pour m'engager à la retraite, il faudrait une plus nombreuse artillerie?

— Eh bien ! nous la trouverons, » dit le domestique toujours avec calmé; et en même temps, avant que Raoul ait pu soupçonner son projet, il s'élance sur lui, le saisit d'une seule main, mais avec une force si extraordinaire, qu'il l'enlève du sol, malgré les efforts de l'ex-Sergent, et le porte à quelque distance sur un sentier voisin.

Ah ! combien en ce moment Raoul regretta de ne plus porter le sabre, qui lui eût servi à tirer une prompte vengeance d'une action qui le déshonorait à ses yeux ! Mais ce fer, arme de son courage, ne le défendait plus, et son grossier adversaire lui avait arraché en même temps le bâton dont il eût pu se servir, et nul moyen auxiliaire ne se montra à son regard attentif. Le sol de cette contrée, et en général du Lauraguais, est d'une nature telle, qu'on peut le parcourir souvent durant une lieue sans rencontrer un seul caillou; partout il n'est composé que d'une terre argileuse et compacte, fertile au suprême degré.

Cependant, comment pouvoir laisser cette offense impunie? la rage n'aveuglait pas le Sergent-major; il sentait qu'il lui serait impossible de lutter corps à corps avec un vieillard qui n'en avait que l'apparence, car sa force musculaire était supérieure à celle des hommes les plus vigoureux que Raoul eût jamais rencontrés. L'appeler en champ clos était tout ce que celui-ci pouvait faire; aussi, d'une voix à demi étouffée par un transport impétueux, il fit un soudain appel à sa bravoure.

L'étranger, qui durant ce temps n'avait point perdu l'imperturbable tranquillité qui régnait sur son visage, le regarda sans s'émouvoir davantage.

« Que me voulez-vous ? lui dit-il; est-ce à moi à me servir d'autres armes que celles employées jusqu'ici pour rabattre les pensées de votre orgueil ! Ne vous en flattez pas. Je ne me bats point, je me défends, et j'extermine sur l'heure celui qui ne craindrait pas de m'outrager. Vous avez appris à me connaître; passez votre chemin, faible enfant de l'audace et de la vanité, et ne revenez plus dans un lieu d'où peut-être je ne vous laisserais pas sortir. »

Le ton féroce avec lequel ces paroles furent prononcées, le geste de mort qui les accompagna, la flamme homicide qui brilla subitement dans les yeux du vieillard, avaient une signification tellement facile à deviner, que Raoul, malgré son courage à toute épreuve, demeura interdit. Il balançait même s'il recommencerait son défi, lorsque sur ces entrefaites la porte de la maison vint à s'ouvrir, et Alinska, vêtue d'une robe noire qui donnait une étrange expression à sa physionomie, se montra tout à coup.

« Eh bien ! Ladislas, dit-elle à son domestique, vous oublierez toujours que je vous ai défendu de vous livrer à la violence de votre caractère. Se peut-il que vous conserviez encore une portion de la folie humaine? Et devez-vous insulter ceux qui désirent converser avec moi? »

Le vieillard, au discours de sa maîtresse, tressaillit soudainement; mais il ne montra sur son visage impassible ni respect, ni confusion : un sourire atroce effleura seulement ses lèvres; il ne répliqua pas, mais il s'éloigna, et rentra dans le manoir à pas lent, et comme s'il n'avait pas été l'acteur principal dans la scène assez extraordinaire qui venait de se passer.

La présence d'Alinska fut en ce moment ce qui pouvait le plus convenir à Raoul. C'était pour lui parler qu'il était descendu du château, et les manières brutales du portier ne lui laissaient guère espérer de remplir son désir. Il fut donc charmé de voir la Hongroise disposée à l'écouter; et alors il ne balança pas à repasser, du sentier sur lequel il était encore, pour revenir auprès de la maison; mais en approchant, il ne put retenir les expressions de son mécontentement, au sujet de la manière insultante avec laquelle il avait été traité.

« Certes, Alinska, dit-il, votre geolier, car c'est bien le nom qu'il mérite; doit rendre à la Providence de belles actions de grâce de ce que le roi de France a jugé à propos de me débarrasser d'un certain morceau de fer qui ne me quittait guère lorsque j'étais en Hongrie. Si dans ce temps il eût agi avec l'insolence qu'il a montrée naguère, je lui eusse insinué en toute douceur à travers sa laide poitrine quelques pouces d'un briquet dont il vous eût donné des nouvelles. Mais patience, il ne me trouvera pas toujours au dépourvu, et je me charge un de ces matins, de lui solder le compte qu'il vient d'établir avec moi.

— Allons, allons, Raoul, répliqua la Hongroise, ne vous occupez plus de ce désagréable incident. Ladislas a sans doute des torts, mais les vôtres ne sont pas moindres ; vous l'avez provoqué par votre insistance ; ne le jugeant que sur l'apparence de son âge, vous avez cru qu'il serait facile de le soumettre à vos désirs; l'erreur a été bientôt dissipée. Croyez-moi, oubliez ce qui s'est passé; vous ne pouvez mieux faire pour votre repos. Tout ce que vous entreprendriez retomberait sur votre tête, et votre vengeance vous accablerait.

— Cela est bel et bon à dire, mais un soldat ne se laisse point mener comme une recrue; j'ai passé l'âge de la conscription, et je n'endurerai jamais un outrage. D'ailleurs, ai-je lieu d'être plus satisfait de la maîtresse que du valet? N'avons-nous pas aussi une affaire à débatre entre vous et moi? Ne jouez-vous pas à mon égard le rôle d'escamoteuse? Cela convient-il? et supporterai-je que vous veniez dans le pays pour m'outrager, d'abord par vous et les vôtres, et pour troubler ensuite le repos de la famille de mon colonel?

— Raoul, répondit Alinska avec froideur, je ne sais quelle puissance supérieure vous pousse vers votre destruction. De quel front osez-vous devant moi venir vous plaindre? Qui de nous deux a de plus grands torts à l'égard de l'autre? N'est-ce pas vous, misérable, qui, dans la maison de mon père, fûtes le principal agent de ma perte? Ne vous souvenez-vous pas de cette époque désastreuse où, pour servir les coupables projets du colonel, vous ne cessiez de m'entretenir de sa perfide tendresse ? N'étiez-vous pas sans relâche auprès de moi, cherchant à égarer ma raison, à surprendre ma vertu ? Tentateur malheureux ! cause première de mon infortune ! il vous sied bien d'élever une voix arrogante, et de prétendre que j'ai eu des torts à votre égard ! Retirez-vous de ma présence, si vous tenez à la vie, vermisseau né dans la boue, et que j'aurais déjà dû écraser !

— Diable ! Alinska, comme vous y allez ! vous ne ménagez pas vos paroles ; et si j'avais l'envie de me croire gentilhomme, vous me feriez ressouvenir malgré moi que je suis né d'un bon paysan du Bourbonnais. Mais votre naissance ne fut pas plus illustre ; votre père cultivait de bons vignobles assurément, mais je n'ai jamais ouï dire qu'il descendît des maisons magnates d'Estherasy ou de Palfy.

— Tu te trompes, Raoul, ou tu veux me faire prendre le change. Ce n'est point pour disputer avec toi du hasard de la destinée, que je te montre un juste mépris. Tu as à te plaindre de moi, oses-tu dire ; j'ai voulu te rappeler le passé, pour te laisser juger toi-même où se trouve le premier, le véritable criminel.

— Cela ne me fait rien, je ne me rappelle point ce qui s'est passé il y a tant d'années. Si d'ailleurs vous fûtes crédule, ne vous en prenez qu'à vous.

Mais ce qui m'importe, ce que je ne permettrai pas, c'est que l'on surprenne mes secrets, c'est que l'on porte la main sur ma correspondance, et qu'enfin on se procure de coupables intelligences dans la maison de mes bienfaiteurs. »

Alinska ne répondit point ; elle lança un regard sur Raoul, dans lequel se peignait une malignité remarquable, et comme le triomphe de la vengeance assurée.

« Je vous répète, poursuivit-il, que je suis las de vos intrigues et de vos jongleries. Voilà deux lettres que vous empêchez de partir ; car quelle autre que vous pourrait agir en cette circonstance? J'ignore les moyens dont vous vous servez pour parvenir à votre but, mais tenez-vous pour bien avertie que si je rencontre sur mes pas un de vos complices que je puisse prendre en flagrant délit, son affaire ne traînera pas en longueur; je lui solderai sur le dos les arrérages de notre dette.

— Quoi! vous agiriez ainsi, même à l'égard du vieux Ladislas! dit Alinska, en accompagnant cette maligne raillerie d'un sourire qui en doublait l'amertume.

— Ah! mille tonnerres! qu'il y vienne, lui de préférence à tout autre; il me reste un fusil de munition, avec lequel je lui ferai faire une ample connaissance, et contre lequel la force du poignet sera insuffisante.

— Raoul, pour la dernière fois je te le répète, tu marches à grand pas vers ta prochaine destruction.

— Et vous, Alinska, vers la fin de vos criminelles menées. Je ne les supporterai pas plus long-temps; si une troisième lettre ne parvient pas au colonel, nous verrons si les magistrats ne nous rendront point justice.

— Insensé! de quoi te plaindras-tu? sur quel fondement plausible pourras-tu établir ton accusation? me rendras-tu responsable de ta folie? à qui feras-tu croire que je puisse mettre des obstacles entre toi et ton maître? tu deviendras, en te plaignant, la risée de tout le monde, et je serai satisfaite en partie. Faible jouet de celle qui te parle, tu ne porteras pas loin l'audace insolente de tes discours.

— Alinska, vous pouvez me dire tout ce qui vous plaira. Je sais que j'ai eu des torts à votre égard, si par le fait ce sont des torts, que de rapprocher un jeune et élégant militaire d'une fille jolie. Mais, au nom de Dieu! oubliez le passé, et laissez-moi tranquille.

— Je t'ai promis le repos, je t'ai annoncé des récompenses même si tu t'engageais à ne point faire connaître à Edouard que je suis ici. Pourquoi veux-tu t'obstiner à me refuser une chose si simple? Laisse-le revenir; souffre que pour la dernière fois je lui parle; son bonheur, sa tranquillité, son existence même, tout dépend de notre entrevue. Tu lutteras d'ailleurs en vain contre moi. J'emploierai, pour te vaincre, des moyens que tu ne saurais prévenir. Tremble surtout, s'il t'échappe un seul mot qui me fasse connaître par l'heureuse rivale qui tient ma place auprès d'Edouard ; ton indiscrétion te coûterait la vie ; oui, Raoul, je t'immolerais sur-le-champ. »

Alinska, en prononçant ces dernières paroles, fit un mouvement si impétueux, qu'une portion de son vêtement se déchira, et Raoul put apercevoir, au-dessous du sein gauche de la Hongroise, une blessure de laquelle s'échappait quelques gouttes de sang. Le frémissement involontaire qui agita son corps à cette vue sinistre, n'échappa point à l'interlocutrice ; elle en devina sans peine la cause, et chercha à réparer, avec sa main, le désordre de sa parure.

Raoul, de son côté, demeurant confondu, sentit s'élever dans son âme une soudaine pitié :

« Oh ! malheureuse fille, s'écria-t-il ; qu'avez-vous fait ? pouvez-vous, dans l'état où vous êtes, vous occuper d'une dangereuse passion ? Rentrez, rentrez vite dans votre demeure ; votre plaie s'est r'ouverte ; vous ne connaissez pas le péril que vous courez.

— De quel péril me parles-tu? je n'en connais plus sur la terre.

— Mais votre sang coule; l'appareil a dû se déranger, ne perdez plus de temps à le replacer. Si mes soins vous sont nécessaires, ne balancez pas à les accepter.

— Ne t'inquiète point de ce qui me regarde; mon sang ne peut couler, car je n'ai plus de sang, il y a long-temps qu'il s'est épuisé jusqu'à la dernière goutte; celui qui le remplace ne me manquera pas, je sais où le renouveler; laisse-le s'épancher, sans y prendre garde. »

En écoutant ces paroles bizarres, Raoul, comme madame Delmont, ne douta point que les malheurs de la

Hongroise n'eussent affaibli sa raison ; toute la colère qu'il ressentait contre elle disparut. Aussitôt il essaya de la ramener, par la douceur, à des idées plus calmes, et il s'avança pour la prendre sous le bras et la soutenir, alors qu'il remarquait qu'une pâleur effrayante couvrait déjà son visage.

« Ne t'avance pas, s'écria-t-elle d'une voix rauque et affaiblie, ne me touche pas, ou plutôt hâte-toi de fuir ; ce qui va se passer ne doit point frapper ta vue. Ladislas ! dit-elle encore, Ladislas ! viens à moi, ou je ne pourrais remplir dans son étendue la mission qu'on m'a confiée. »

Ladislas entendit cet appel ; il sortit de la maison assez à temps pour recevoir Alinska, qui, à demi évanouie, se laissa tomber dans ses bras. Le vieillard, l'ayant examinée un moment, lança autour de lui un regard farouche, et sans parler, il fit un geste, comme pour enjoindre à Raoul de se retirer. Celui-ci ne paraissait pas disposé à lui obéir; mais cependant, une réflexion soudaine l'y détermina; il craignit, par son obstination, de causer peut-être la mort de l'étrangère, et dirigé par ce motif, il rentra dans le sentier et remonta la colline. A un détour du chemin qui le ramenait presqu'en face du lieu où Alinska gissait couchée sur l'herbe, il crut pouvoir examiner ce qui se passait en ce lieu. Il vit, ou crut voir le vieux serviteur, penché sur elle, verser dans sa bouche une liqueur rouge; mais, en même temps, un coup violent que Raoul reçut sur la tête le renversa lui-même subitement. Il se releva avec vitesse, pour faire face à l'ennemi qui l'avait frappé; mais nul individu n'était auprès de lui. Il dut attribuer sa chute au choc inaperçu de quelque branche d'arbre, car il cheminait à travers un bois.

Sa curiosité le porta à regarder une seconde fois ce que pouvait faire le groupe qu'il avait laissé dans la prairie; il ne l'y revit plus. Cette disparution soudaine le plongea dans un singulier étonnement, et tout entier à des réflexions variées et pénibles, il rentra dans le château, se disant à lui-même :

« Plaise à la destinée que tout ceci prenne une tournure plus naturelle ! je ne suis pas content de ce que je vois, et je voudrais bien pouvoir percer le mystère qui nous environne. »

FIN DU TOME PREMIER.

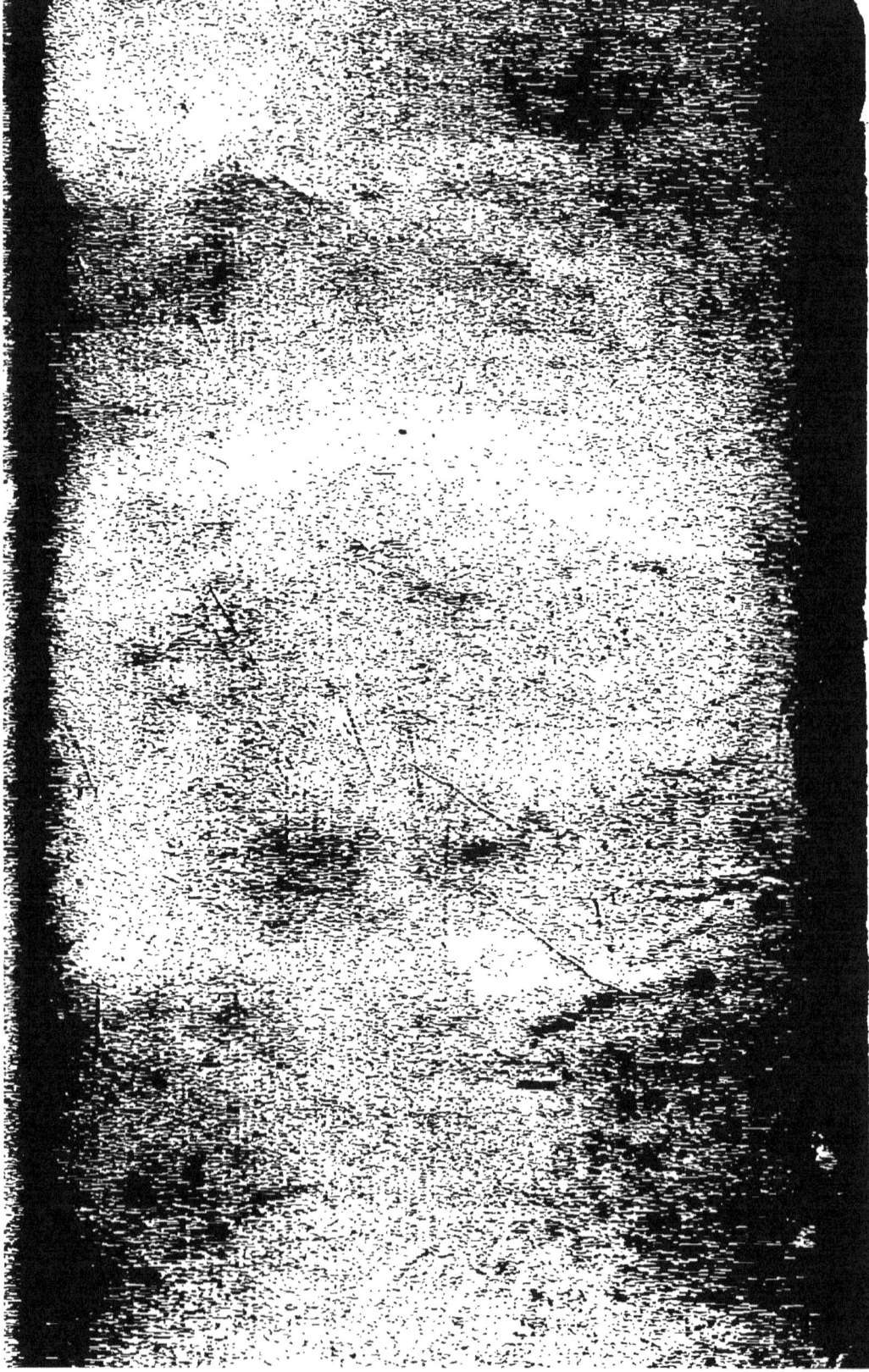

www.ingramcontent.com/pod-product-compliance
Lightning Source LLC
Chambersburg PA
CBHW060133170426
43198CB00010B/1139